中外优秀女排运动员
扣球技术动作的
三维运动学分析

黄延春　著

人民体育出版社

图书在版编目（CIP）数据

中外优秀女排运动员扣球技术动作的三维运动学分析/黄延春著. -- 北京：人民体育出版社，2024
ISBN 978-7-5009-6138-3

Ⅰ.①中… Ⅱ.①黄… Ⅲ.①女子项目—排球运动—扣球(球类运动)—运动技术—研究—世界 Ⅳ.①G842.19

中国版本图书馆CIP数据核字(2021)第260445号

*

人民体育出版社出版发行
北京盛通印刷股份有限公司印刷
新 华 书 店 经 销

*

710×1000　16开本　8印张　142千字
2024年5月第1版　2024年5月第1次印刷

*

ISBN 978-7-5009-6138-3
定价：41.00元

社址：北京市东城区体育馆路8号（天坛公园东门）
电话：67151482（发行部）　　邮编：100061
传真：67151483　　　　　　　邮购：67118491
网址：www.psphpress.com
（购买本社图书，如遇有缺损页可与邮购部联系）

前　言

随着世界女子排球水平的不断提升，女排运动员的技战术能力运用水平也不断提高，女排技术男子化特征开始显现。因而，如何掌握及合理使用排球高水平技术动作成为排坛的关注热点。本书依托国家体育总局中国女排奥运攻关课题，采用三维摄像方法，录制比赛现场视频，对中外优秀女排运动员的扣球技术动作进行三维动作解析和对比研究，进而获得不同类型、风格的女排运动员扣球技术运用的数据参数和动作特征，为提升扣球技术动作运用的合理性、有效性提供了理论参考和数据支撑。

本书是在笔者博士论文的基础上，结合部分新的数据，进行了适当的删减和增补。同时，在本书的成稿过程中，邀请赵子建教授（国家社科通讯评审专家）为顾问，进行了内容审核与修订；在本书的立项和送审中得到了我院同行、专家们的大力支持，在此一并向他们表示感谢！

内容提要

扣球能力是一支排球队伍实力体现的主要指标，扣球质量的好坏对排球比赛的胜负具有重要的影响。随着排球运动的发展，球员身体素质的提高，当今中外优秀女排运动员扣球的速度、力量等指标的要求已不同于往日，因而有必要对当今中外优秀女排运动员扣球技术动作相关指标进行测定、整理和重新评定。同时，近年来中国女排竞技水平发展呈现不稳定状态，这与中国女排运动员扣球技术发挥不稳定有一定关联，因此有必要对中国女排运动员扣球技术运用及特点进行分析和研究，寻找差异和不足。

本书采用文献资料法、技术统计法、观察法、三维影像分析法等方法，对中外优秀女排运动员扣球技术运用类别、比例、效果和不同类型扣球技术动作结构等进行了深入分析和研究，揭示了中外优秀女排运动员扣球运用类型差异，不同扣球技术动作的运动学差异及动作变化等差异，构建了中外优秀女排运动员扣球技术的相关运动学模型，分析了中外优秀女排运动员不同类型扣球技术运用的差异及原因，为改善中国女排运动员扣球技术动作结构，提升中国女排运动员扣球技术动作运用效果，实施有针对性的、科学化的训练提出了合理化建议和对策。主要研究结果如下。

1. 中外优秀女排进攻打法的使用比例依次为强攻、快攻、后排攻，强攻依然是各国女排进攻的首选。中外优秀女排强攻的使用比例均超过50%，有的甚至达到了60%。美国女排的强攻扣球得分率超过了60%，俄罗斯、巴西等女排的强攻扣球得分率接近50%，而中国女排的强攻扣球得分率为40%左右。中国女排在强攻的使用率和得分率方面与国外强队均有一定的差距。

2. 中外优秀女排的进攻打法日趋实用化、简单化，男子化趋势明显；在保持进攻高度的同时，速度、力量得到进一步提升和强化。一些男排比赛中常用的进攻打法在女排比赛中已被植入。如男子比赛中常用的短平快加平拉开战术，前排快球掩护后排半高球进攻等。目前中国女排的进攻打法已不占据世界领先地位。如接应运动员的选拔使用及进攻战术安排，与国外女排强队相比具有明显的差异，国外多为强力接应，我国为跑动接应；而跑动接应对一传和后排防守具有严重依赖性，已成为现今一传和防守相对薄弱的中国女排的进攻制约因素。

3. 中外优秀主攻运动员强攻扣球技术的基本特征为：多为两步斜线助跑，助跑速度快，并步距离小；起跳速度快，起跳高度接近0.7m，起跳距离约为1m；空中击球高度约为2.9m，击球的最大球速接近30m/s，击球时手臂与躯干夹角为150°左右。国外优秀主攻运动员强攻扣球技术具有重心腾起高度高，起跳缓冲比小于蹬伸比；中远网距离击球；腰腹发力明显；击球点高、力量大、球速快的优点。我国主攻运动员王一梅强攻扣球助跑速度较慢，起跳高度有限，滞空时间短；起跳时间较长，缓冲比例大于蹬伸比例；起跳速度较慢，起跳重心腾起角较大；击球手法变化不够丰富，击球线路单一且较为明显，这些也是影响其扣球效果的关键因素。

4. 中外优秀女排接应运动员强攻扣球技术具有以下特征：多为两步

直线助跑，第一步大，第二步小；并步距离为0.8m左右；起跳缓冲比例小于蹬伸比例，起跳高度为0.72m左右；起跳距离为1.38m左右，重心腾起角67°左右；空中击球高度较高，平均为2.9m左右，击球力量大，球速快，最大球速甚至超过30m/s；击球时手臂与躯干的夹角为140°左右。国外优秀女排接应运动员强攻扣球具有助跑速度快，节奏明显，起跳高度高，击球点高、力量大、速度快，前冲明显的特点。我国女排运动员杨婕与国外优秀接应运动员相比的不足之处主要有：助跑并步距离大，起跳高度不够，空中滞留时间短，起跳动作缓慢，击球力量小，缺乏隐蔽性和突然性。

5. 中外优秀女排主攻运动员调整攻扣球技术具有以下技术特征，主要依靠运动员瞬间对自我身体调控能力和对球所处的空间位置进行判断；调整起跳时间和起跳点；空中背弓动作明显。普遍采用远网、开网进攻；空中击球都伴有身体左前下方扭转动作；击球都采用加力动作配合线路变化。欧美优秀主攻运动员调整攻扣球的主要优势为：助跑速度快，起跳迅猛，身体腾起高度高，背弓显著且动作幅度大，腰腹和上肢力量极强，击球迅猛且击球点高。日本主攻手调整攻扣球的技术特点为：快速助跑，弹跳有力，起跳高度高，空中背弓明显；击球迅速；击球线路清晰；击球动作变化明显，落点精细。我国主攻运动员惠若琪扣球技术主要特点为：近网、小斜线，快速击球；存在起跳高度有限，空中击球点较低、距离球网较近，击球力量较小的不足。

6. 中外优秀女排运动员扣球技术男子化趋势明显，力量、速度、高度充分结合是当今优秀女排运动员扣球技术的显著特点。扣球助跑速度快，普遍达到4m/s；击球点高，基本在2.9m左右，网上0.5~0.7m的空间是攻防争夺的主要区域；击球力量大，大部分运动员的扣球速度能够达到25m/s以上,接近30m/s,部分运动员击球速度甚至已经超过30m/s;击球点位置与球网的距离有增大的趋势,多为中远网击球;起跳点与击球点距离进一步加大,身体前冲及空中位移效果明显;击球时手臂与躯干夹角有减小趋势,手臂与躯干夹角为140°~150°,小于教科书上的164°左右,这与运动员加大扣球高度、加强扣球力量相关联。

目 录

1 绪论 …………………………………………………………（1）

   1.1 研究背景和选题意义 ……………………………………（1）

   1.2 文献综述 …………………………………………………（4）

      1.2.1 国内相关研究概况 …………………………………（4）

      1.2.2 国外相关研究概况 …………………………………（20）

      1.2.3 前人相关研究的总结及研究新视点 ………………（25）

   1.3 研究内容 …………………………………………………（26）

   1.4 研究创新 …………………………………………………（26）

   1.5 研究技术路线 ……………………………………………（27）

2 研究对象与研究方法 ………………………………………（28）

   2.1 研究对象 …………………………………………………（28）

   2.2 研究方法 …………………………………………………（28）

      2.2.1 文献资料法 …………………………………………（28）

      2.2.2 三维影像分析法 ……………………………………（29）

      2.2.3 录像观察和技术统计法 ……………………………（30）

      2.2.4 数理统计法 …………………………………………（30）

      2.2.5 对比分析法 …………………………………………（31）

3 中外优秀女排运动员扣球技术运用效果的对比与分析 （32）

3.1 中国女排和俄罗斯女排扣球技术运用的对比分析 （33）
- 3.1.1 中国女排和俄罗斯女排进攻结构及效果的对比分析 （33）
- 3.1.2 中国女排和俄罗斯女排强攻效果的对比和分析 （34）
- 3.1.3 中国女排和俄罗斯女排快攻效果的对比和分析 （35）
- 3.1.4 中国女排和俄罗斯女排后排攻效果的对比和分析 （36）

3.2 中国女排和意大利女排扣球技术运用的对比和分析 （37）
- 3.2.1 中国女排和意大利女排进攻结构及效果的对比和分析 （37）
- 3.2.2 中国女排和意大利女排强攻效果的对比和分析 （38）
- 3.2.3 中国女排和意大利女排快攻效果的对比和分析 （39）
- 3.2.4 中国女排和意大利女排后排攻效果的对比和分析 （40）

3.3 中国女排和巴西女排扣球技术运用的对比和分析 （41）
- 3.3.1 中国女排和巴西女排进攻结构及效果的对比和分析 （41）
- 3.3.2 中国女排和巴西女排强攻效果的对比和分析 （42）
- 3.3.3 中国女排和巴西女排快攻效果的对比和分析 （43）
- 3.3.4 中国女排和巴西女排后排攻效果的对比和分析 （44）

3.4 中国女排和美国女排扣球技术运用的对比和分析 （45）
- 3.4.1 中国女排和美国女排进攻结构及效果的对比和分析 （46）
- 3.4.2 中国女排和美国女排强攻效果的对比和分析 （47）
- 3.4.3 中国女排和美国女排快攻效果的对比和分析 （48）
- 3.4.4 中国女排和美国女排后排攻效果的对比和分析 （48）

3.5 中国女排和塞尔维亚女排扣球技术运用的对比和分析 （49）
- 3.5.1 中国女排和塞尔维亚女排进攻结构及效果的对比和分析 （49）

3.5.2　中国女排和塞尔维亚女排强攻效果的对比和分析 … （50）

　　3.5.3　中国女排和塞尔维亚女排快攻效果的对比和分析 … （51）

　　3.5.4　中国女排和塞尔维亚女排后排攻效果的对比和分析 … （52）

3.6　中国女排和日本女排扣球技术运用的对比和分析 ………… （53）

　　3.6.1　中国女排和日本女排进攻结构及效果的对比和分析 … （53）

　　3.6.2　中国女排和日本女排强攻效果的对比和分析 ………… （54）

　　3.6.3　中国女排和日本女排快攻效果的对比和分析 ………… （55）

　　3.6.4　中国女排和日本女排后排攻效果的对比和分析 ……… （56）

3.7　小结 …………………………………………………………… （57）

4　中外优秀女排主攻运动员强攻扣球技术的三维运动学分析和研究 ……………………………………………………………… （60）

4.1　中外优秀女排主攻运动员强攻扣球技术的动作选取和相关人员概况 ……………………………………………………………… （60）

4.2　中外优秀女排主攻运动员强攻扣球技术的三维运动学分析 … （61）

　　4.2.1　中外优秀女排主攻运动员强攻扣球助跑环节的分析 … （61）

　　4.2.2　中外优秀主攻运动员强攻扣球起跳环节的三维运动学分析 ………………………………………………………… （63）

　　4.2.3　中外优秀主攻运动员强攻扣球击球环节的三维运动学分析 ………………………………………………………… （69）

4.3　中外优秀女排主攻运动员强攻扣球技术的个案分析和研究 … （71）

　　4.3.1　惠若琪扣球技术的分析 ………………………………… （71）

　　4.3.2　洛根·汤姆扣球技术的分析 …………………………… （72）

　　4.3.3　木村纱织扣球技术的分析 ……………………………… （72）

　　4.3.4　科斯塔格兰德扣球技术的分析 ………………………… （73）

　　4.3.5　王一梅扣球技术的分析 ………………………………… （74）

4.3.6　杰奎琳扣球技术的分析 ……………………………（75）

　4.4　小结 ……………………………………………………………（75）

5　中外优秀女排接应运动员强攻扣球技术的三维运动学分析和研究 ……………………………………………………（78）

　5.1　中外优秀女排接应运动员强攻扣球技术的动作选取及相关概况 ……………………………………………………（78）

　5.2　中外优秀女排接应运动员强攻扣球技术的三维运动学分析 …（79）

　　5.2.1　中外优秀女排接应运动员强攻扣球助跑环节的三维运动学分析 ……………………………………………（79）

　　5.2.2　中外优秀女排接应运动员强攻扣球技术起跳环节的三维运动学分析 ………………………………………（80）

　　5.2.3　中外优秀女排接应运动员强攻扣球击球环节的三维运动学分析 ……………………………………………（85）

　5.3　中外优秀女排接应运动员强攻扣球技术的个案分析和研究 …（87）

　　5.3.1　杨婕扣球技术的分析 …………………………………（87）

　　5.3.2　斯科沃隆斯卡扣球技术的分析 ………………………（88）

　　5.3.3　谢伊拉扣球技术的分析和研究 ………………………（89）

　　5.3.4　冈察洛娃扣球技术的分析 ……………………………（89）

　　5.3.5　胡克尔扣球技术的分析 ………………………………（90）

　　5.3.6　布拉科切维奇扣球技术的分析 ………………………（91）

　5.4　小结 ……………………………………………………………（91）

6　中外优秀女排主攻运动员调整攻扣球技术的三维运动学分析和研究 ……………………………………………………（93）

　6.1　中外优秀女排主攻运动员调整攻扣球动作选取及相关概况 …（93）

6.2 中外优秀女排主攻运动员调整攻扣球技术的三维运动学分析 …………………………………………………………（94）

  6.2.1 中外优秀女排主攻运动员调整攻扣球助跑环节的三维运动学分析 …………………………………………（94）

  6.2.2 中外优秀女排主攻运动员调整攻扣球起跳环节的三维运动学分析 …………………………………………（95）

  6.2.3 中外优秀女排主攻运动员调整攻扣球击球环节的三维运动学分析 …………………………………………（100）

6.3 中外优秀女排主攻运动员调整攻扣球技术的个案分析和研究 ………………………………………………………（102）

  6.3.1 杰奎琳调整攻扣球技术的分析 ………………（102）

  6.3.2 惠若琪调整攻扣球技术的分析 ………………（103）

  6.3.3 木村纱织调整攻扣球技术的分析 ……………（104）

  6.3.4 江畑幸子调整攻扣球技术的分析和研究 ……（104）

  6.3.5 马拉古斯基调整攻扣球技术的分析 …………（105）

  6.3.6 科斯塔格兰德调整攻扣球技术分析 …………（106）

6.4 小结 ……………………………………………………（106）

7 结论 …………………………………………………………（109）

8 对策与建议 …………………………………………………（111）

1 绪论

1.1 研究背景和选题意义

排球运动归根到底是一种以得分多少决定比赛胜负的运动项目，因而决定得分的技术因素及其发挥状况，对比赛的重要性也就不言而喻了。扣球是决定得分的重要技术手段。正如美国前任女排教练塞林格博士所说，不具备强有力扣球技术的球队是不能获得最终胜利的，而具备强有力扣球技术的球队，即便具备一般的防守能力也有可能获得最终胜利。随着排球运动的发展，球员身体素质的不断提升，当今中外优秀女排运动员扣球的速度、高度等指标数据已不同于往日；同时排球技战术的科学化训练也需要力学、运动学参数作为基础和依据，因而有必要对当今中外优秀女排运动员扣球技术动作相关指标进行测定、整理，并构建动作模型。近年来中国女排竞技水平发展呈现不稳定状态，这与中国女排运动员扣球技术发挥不稳定有着一定关联，因此有必要对中国女排运动员扣球技术运用及特点进行分析和研究，以期找出差距，进而提高女排进攻能力。

扣球技术运用效果与排球比赛的胜负有着较强的正相关性，取得比赛前几名的队伍，其主攻手的扣球成功率往往也较高；反之，主攻手扣球成功率较低的队伍，其比赛成绩往往也不尽如人意。如2003年中国女排获得世界杯冠军，在扣球技术排名中，有两人进入前十（表1-1），赵蕊蕊的扣球成功率高达61.34%，排名第一，周苏红的扣球成功率为51.20%，排名第五。2004年雅典奥运会中国女排获得冠军，中国女排队员有三人居于世界扣球技术排名的前十名，张萍排第一，扣球成功率为50.00%；周苏红排第五，扣球成功率为48.13%；杨昊排第六，扣球成功率为44.06%。又如2010年女排世锦赛俄罗斯女排获得第一名，其中有三名队员进入扣球技术排名的前十名，排名第一的是科舍列娃，扣球成功率为53.88%，加莫娃和索科洛娃分列三、四位，扣球成功率分别为51.51%、50.22%（表1-2）。由此可以看出，扣球技术的使用及效果对比赛的胜负起着至关重要的作用。

表1-1　2003年女排世界杯扣球成功率排名前十位的情况统计表

排名	姓名	球队	扣球成功率/%
1	赵蕊蕊	中国	61.34
2	卡里罗	古巴	54.50
3	巴罗斯	古巴	52.40
4	高桥梅幸	日本	51.25
5	周苏红	中国	51.20
6	桑托尼	意大利	49.48
7	格林卡	波兰	49.34
8	鲁伊兹	古巴	48.20
9	菲普斯	美国	46.60
10	皮奇尼尼	意大利	45.88

（来源：http://sports.sina.com.cn/o/2003-11-01/2220640940/）

表1-2　2010年女排世锦赛扣球技术排名前十位的情况统计表

排名	姓名	球队	成功数/个	失误数/个	总扣球数/个	成功率/%
1	科舍列娃	俄罗斯	132	97	245	53.88
2	马蕴雯	中国	95	71	178	53.37
3	加莫娃	俄罗斯	188	143	365	51.51
4	索科洛娃	俄罗斯	114	83	227	50.22
5	卡尔卡塞斯	古巴	196	148	398	49.25
6	谢伊拉	巴西	150	113	308	48.70
7	帕拉西奥斯	古巴	126	99	267	47.19
8	格林卡	波兰	136	116	290	46.90
9	吉奥里	意大利	124	107	265	46.79
10	尼克里奇	塞尔维亚	97	80	210	46.19

（来源：http://sports.sina.com.cn/z/wwcvolleyball2010/）

自2008年北京奥运会以后，中国女排竞技水平呈现不稳定状态，部分比赛的成绩跌到了历史最低点，这与中国女排主要攻手扣球成功率下降有关。如2010年女排世锦赛，中国女排的主攻手王一梅的扣球成功率为39.94%，李娟的扣球成功率为39.57%，分列扣球技术排名第21、第23位。2011年世界女排大奖赛决赛，中国女排获得第8名，无一人进入个人扣球技术排名的前十位（表1-3）。而中国女排在2004年雅典奥运会获得冠军时，有三名队员扣球成功率进入技术排名的前十位（详见2004年奥运会排球官方网站）。而欧美强队的主要攻手扣球都有着较高的成功率。日本女排主攻手扣球成功率高于中国女排主攻手，如2011年女排世界杯比赛中，日本的主攻手木村纱织和江畑幸子均进入扣球技术排名前十位。

表1-3　2011年世界女排大奖赛扣球技术排名前十位的情况统计表

排名	球衣号码	姓名	球队	失误数/个	成功数/个	总扣球数/个	成功率/%
1	16	拉西奇	塞尔维亚	7	46	99	46.46
2	8	冈察洛娃	俄罗斯	17	78	172	44.77
3	2	布拉科切维奇	塞尔维亚	17	107	223	44.39
4	19	胡克尔	美国	21	103	214	42.06
5	11	加莫娃	俄罗斯	27	95	199	38.69
6	12	纳塔利亚	巴西	12	48	96	37.50
7	16	罗德里格斯	巴西	12	69	129	37.21
8	3	马拉古斯基	塞尔维亚	18	58	120	36.67
9	13	谢伊拉	巴西	15	79	147	36.05
10	15	洛根·汤姆	美国	15	76	138	34.06

（资料来源：http：//sports.sohu.com/s2011/2802/s315134599/）

尽管近年来中国女排运动员的平均身高不断增加，扣球高度和拦网高度不断上升，但强攻不强的问题依然没有得到很好的解决，中国女排仍缺乏世界级的主攻手。随着排球运动的发展，中国女排的快攻优势不再明显，在与日本等亚洲球队的竞争中，快攻已不具备优势。高点、大力的扣球是欧美强队主攻手的重要特质，这类主攻手的存在代表了整个球队的实力，如美国的胡克尔、塞尔维亚的布拉科切维奇、俄罗斯的加莫娃等。随着巴西女排全面、立体技战术风格打法获得优异的比赛成绩，还有近年来日本女排的成绩有了明显的提高，人们开始关注以扣球手法、线路和变化为主要特征的主攻手，尽管他们的身高、力量不占优势，但获得了同样的扣球效果和比赛成绩。快速多变的进攻打法曾是中国女排的制胜法宝，但从伦敦奥运会中外女排扣球进攻效果统计看，中国女排的优势已不复存在。

科学技术的不断进步，计算机的广泛应用和发展，以及科学训练的发展，为采用高科技手段对技术动作的微观过程进行甄别和界定提供了可能和需求。三维高速摄像和计算机等高科技手段，已被应用于排球技术动作研究中。早期学者采用三维摄像对排球扣球技术进行了研究，但多在实验情况下进行动作拍摄，缺乏时效性和实战性。对当今中外女排强队优秀运动员的扣球技术运用类型、比例和效果等特征，结合击球线路、击球高度、球速等运动学特点，在比赛条件下进行三维拍摄和动作解析的综合研究并不多见。

因此，鉴于以上原因，本研究选取中外优秀女排运动员的扣球技术为研究对象，通过对中外优秀女排运动员扣球技术运用和动作结构的分析及对比，以期厘清中外优秀女排运动员扣球动作参数特征和应用效果差异，构建中外优秀女排运动员扣球技术动作参数及模型，寻求提升中国女排运动员扣球技术的途径和方法。

1.2 文献综述

1.2.1 国内相关研究概况

1.2.1.1 扣球技术运用和分析相关研究状况

何伟[1]对中国、俄罗斯、巴西、韩国和日本排球运动员的扣球进攻进行了对比研究，以1999年女排世界杯中各国的扣球技术运用和效果为研究对象。结果显示，该届世界杯中国女排强攻扣死率为41.95%，快攻扣死率为49%，强攻扣球进攻效果一般。中国女排扣球存在的主要问题如下：扣球助跑起跳、空中击球的动作速度慢，进而影响了扣球的力量和效果；扣球进攻

---

[1] 何伟, 何蕊. 目前中国女排扣球进攻的浅析[J]. 西安体育学院学报, 2000（S1）: 101-102.

的线路较为单一，缺乏相应的变换；扣球进攻的方式方法少，只是定点定位进攻；扣球的力度不够，对方容易防起；个人扣球战术掌握与运用太少。

郭希涛[1]对参加2005年世界女排大奖赛的巴西、意大利、中国、古巴和荷兰5支队伍的扣球进攻技战术运用状况进行了对比研究，认为中国女排保持快速多变的特点，快攻主要应用于2号位且质量较高；以强攻夺取网上的优势是欧美的共同特点，其快攻多用于3号位的近体快和平拉开；中国女排的一攻成功率高于欧美球队，反攻扣球成功率低于欧美球队；在2号位快攻运用中，中国女排使用最多的扣球技术是单脚背飞，其次是双飞、双快、背快和背绕，利用时间差、位置差等扣球效果也较好；中国女排应该重视和提升强攻技能的发挥和效果。

韩素萍[2]通过对2008年北京奥运会获得前4名的球队与中国队的4场比赛的进攻情况进行分类统计和对比分析，认为中国女排的扣球技术多运用于快攻，在后排攻和强攻方面的使用上，落后于其他强队；中国女排一攻的成功率高于防反的成功率；中国女排主攻手应该提高跑动能力、加强击球的力量、丰富扣球线路变化，提高个人扣球的突破能力。

郑晓炎[3]对2008年北京奥运会上中国女排和巴西女排各3场的比赛录像进行统计，进而对中国女排和巴西女排的扣球技术使用及效果进行了相关的对比研究，认为巴西女排4号位强攻扣球无论是使用的次数还是成功率方面都要优于中国女排；3号位的扣球效果，巴西女排的扣球成功率远远高于中国女排，失误率远远低于中国女排；在2号位扣球技术使用中，中国女排原先的优势不再那么明显，两者在这一位置的扣球技术使用效果旗鼓相当。

郭希涛[4]通过对2002年世界女排大奖赛成都站的中国、美国、古巴和俄罗斯4支强队扣球进攻进行统计研究，认为俄罗斯女排网上扣球实力最

---

[1] 郭希涛. 2005年世界女排大奖赛中国女排与欧美女排扣球技战术运用分析[J]. 成都体育学院学报，2006，32（5）：75-77.

[2] 韩素萍. 第29届奥运会世界女子排球强队进攻效果的比较分析[J]. 山东体育科技，2009，31（1）：19-21.

[3] 郑晓炎. 第29届北京奥运会中国和巴西女排扣球效果的不确定性分析[J]. 浙江师范大学学报，2009，32（4）：473-475.

[4] 郭希涛. 第十届世界女排大奖赛成都站4强扣球进攻实力分析[J]. 成都体育学院学报，2004，30（1）：60-67.

强，中国女排的强攻扣球质量有所提高，且具有与世界强队对抗的身体素质和网上进攻实力；在扣球技术使用中，俄罗斯女排用于强攻和后排攻的比例较高，且效果较好；中国女排扣球多用于快攻中；古巴队和美国队在快攻和强攻上的使用比例几乎持平，即强攻和快攻的比例各占一半；美国女排的快攻多用于2号位的背飞和3号位的高点近体快攻，古巴的快攻多用于3号位的高点快球。

马瑞[1]通过对中国、波兰和古巴3支队伍在比赛中扣球技术运用状况进行统计，分析了世界女排扣球技术在后排攻使用上的差异和原因等相关情况。结果显示，波兰女排后排攻使用最多，场均为19.5次，中国女排后排攻场均使用为12.5次，古巴后排攻使用最少，场均为7次；分析原因，波兰属于典型的欧洲球队打法，十分重视后排进攻，中国女排以快攻为主，后排攻是前排进攻的补充，由于古巴队有着很强的前排进攻实力，因而不太关注后排进攻；后排进攻的位置主要集中在1、6号位，原因在于这两个位置容易和前排进攻构成配合，5号位实施后排攻容易使4号位主攻手进攻受到牵制，且距离二传的距离较远，容易受到对方拦网干预。

马金凤[2]对参加2004年雅典奥运会女子排球比赛的中国、俄罗斯和古巴等国的优秀攻手的扣球技术运用进行了相关研究。结果显示，中国女排最佳扣球手的扣球技术运用于快球进攻的比例和效果明显优于俄罗斯和古巴；中国女排扣球技术使用中，快攻的比例高达73.49%；高快结合是俄罗斯和古巴女排的快攻特点，高点的背飞扣球值得中国女排学习；中国女排扣球优势主要体现在快攻、跑动进攻中，一旦快攻的效果不佳，中国女排的强攻能力难以保证领先。

刘文波[3]对中国女排2004—2009年参加的世界大赛以及获得比赛前4名的世界女排强队的进攻打法进行了对比研究，结果显示，在扣球技术使用方面，中国女排用于4号位强攻次数在总进攻次数中的比例逐年增大，近几年快攻的使用次数变少，但得分高于对手，后排攻次数明显增多；2004—2009年，中国女排强攻使用的比例为45%~58%，快攻的使用比例为30%~40%，中国女排

---

[1] 马瑞. 世界女子排球比赛后排进攻的运用效果及变化趋势[J]. 哈尔滨体育学院学报，2007，25（1）：10-12.

[2] 马金凤. 雅典奥运会中国女排快攻战术分析[J]. 体育学刊，2005，12（5）：115-117.

[3] 刘文波. 中国女排与世界强队进攻打法运用效果的比较[J]. 武汉体育学院学报，2011，45（3）：93-97.

的后排攻主要集中在6号位，使用的比例为10%左右，中国女排应加强2号位强攻，加强队员的身体素质训练，提高运动员的弹跳力和腰腹力量，同时继续坚持快速多变的进攻打法，提高扣球技术的使用分配和效果。

赖亚文[1]对参加2010年世界女排大奖赛的中国女排和日本女排进攻技战术特点进行了对比研究，结果显示，日本女排在扣球进攻的节奏、效果及使用分配等方面优于中国女排，中国女排在2号位进攻和后排进攻方面薄弱；中国女排在三点攻轮次的扣球技术使用效果不如在两点攻轮次时明显；在进攻球的分配和使用方面，中国女排应加强全面性，提高扣球技术使用的合理性和有效性。

综合前人研究的成果，普遍认为中国女排以2号位、3号位的快攻为主，辅以4号位的拉开进攻，快攻是中国女排的优势进攻手段。中国女排快攻的使用次数较多，效果较好；中国女排强攻运用次数最多，运用比例为40%~50%，但强攻的成功率不是很高，国外强队的强攻运用比例为50%以上，成功率较高，中国女排与国外女排强队的强攻相比存在明显差距；强攻不强是中国女排的不足，这点得到学者的普遍认同，但随着中国女排的身高、体重都相应得到提升，对中国女排强攻依然不强的技术原因进行分析的相关研究并未见到，针对不同类型风格的主攻手的扣球技术动作的效果、手法和技巧变化、线路控制与选择等的差异及原因分析的相关研究也较少。

1.2.1.2 扣球技术生物力学基础相关研究

对排球扣球技术动作的研究与分析，需要依靠相应的科技手段和方法，而研究手段、方法的采用和使用又需要有一定的理论支撑，生物力学和运动生物力学无疑是扣球技术动作研究的理论基础和重要依据。数据测量、动作采集、视频影像贮存与处理、录像解析等方法和手段的不断丰富和完善为扣球技术研究提供重要的技术保障。理论的支撑和技术的保障使排球扣球技术研究得以实施、逐步深入。

生物力学是一门年轻的学科，而运动生物力学是生物力学的下属学科，随着社会科技的进步，人们对体育运动的热爱和研究不断深入，生物力学和运动生物力学也得到了长足的发展。同时，随着人们对体育更快、更高、更强的追求，以及如今运动成绩所达到的高度与精度要求，体育对科技、科研的依赖更加深入和迫切。运动生物力学的发展，新的测量、诊断方法的出现，计算机技

---

[1] 赖亚文.中日女排进攻技、战术特点比较研究[J].成都体育学院学报，2011，37（3）：38-41.

术的不断发展，无疑为人们定量和定性分析自我动作，动作仿真、动作创新，技术诊断及评价提供可视和可操作的手段和方法。日本学者松井秀治结合自己的研究，认为运动生物力学在体育实践领域的作用可以体现在四个方面：第一，可以细腻地分析体育动作，揭示运动技术的生物力学规律；第二，为创新技术动作提供参数；第三，探讨体力和技术对运动成绩产生影响的年龄特征，有利于抓住训练的重点；第四，可以从测定能力消耗的多少上界定体育动作姿势的优劣[1]。

视频采集和录像拍摄。对运动员技术动作诊断或评价，除了需要现场观看比赛，还需要对运动员的技术动作进行拍摄、储存和处理，以期获得真实的数据来源，因而视频、图像的获得手段也就显得尤为关键，而视频、录像的拍摄和获取随着科技的发展呈现不断精细、清晰的趋势。视频、录像拍摄的方法主要有普通摄影、运动光点摄影、连续闪光摄影（频闪摄影）和电影摄影、高速摄影。从拍摄的速度上讲，有常速（25fps）、中速（50~150fps）、高速（150~500fps）、超高速（500fps以上），拍摄速度越快，技术动作的清晰度越高，对细微动作观察也可以更清楚，但相关设备要求较高，成本较高，因而一般技术动作研究满足常速即可。从拍摄的方式可以分为单机的单、多同步摄像系统，多机多画面摄像系统。人体运动是复杂的三维运动，在对技术动作进行分析和研究时，以三维画面显示能更全面地反映人体运动的相关情况，因此，目前研究多以两台或多台摄像机呈一定角度对运动画面进行同步拍摄，然后对视频录像进行数字化处理，从而获得人体三维运动的相关空间坐标，计算有关的运动学指标。

运动图像解析。运动图像解析是对技术动作图像中某一段进行连续和间隔的采集和分析[2]。录像解析系统采集图像信息的方法主要有三种：小容量图像的动态图像实时采集；大容量图像存贮器动态实时采集；摄像机和计算机直接相连的硬盘储存[3]。目前研究者以第三种方法进行图像处理较多，即以摄像机和硬盘直接相连，图像以视频文件（通常AVI格式）直接写入计算机，使操作更加简单，同时也有效地避免了图像质量的衰减。

立体坐标构建原理与实现途径。人体运动是一个复杂的过程，而且大多数运动具有三维性，因此人们对其进行研究时，需要通过二维图像认知三维环境

---

[1] 袁庆成.听日本松井秀治教授讲生物力学[J].辽宁体育科技，1980（1）：104-114.

[2] 戴广宏.科学计算可视化技术的研究与应用[J].地球物理学进展，1997（1）：108-112.

[3] 赵焕彬.运动技术可视化实时生物力学诊断系统的研制[D].石家庄：河北师范大学，2007.

的信息，这些信息包括运动的形状、位置、姿态等，同时还要能够对这些信息进行储存、描述和识别。因而，人们采用摄像机获取相关环境图像并转为数字信号，为此人们研究出多种可以获取三维空间信息的方法。摄像机标定是从二维图像获取三维信息不可缺少的步骤，将立体摄影测量的基本任务概括为：用两个位置确定、焦距已知的摄像机，通过立体摄影得到两张立体像对，由立体像对的像点位置信息解算待测点在三维空间中的位置。依据不同的摄像机模型，经学者研究，产生了一些经典的定标算法，如线性算法[1]、主动定标法[2]、双平面法[3]、两步算法[4]等。而目前在人体运动动作的立体摄影和摄像研究中，国内外分析系统主要采用直接线性转换法（DLT）[5]，与其他方法相比，它可以实现对两部或多部摄像机拍摄的二维图像的三维重构，不需要专门的摄像机，也不需要用专门的测量仪器对摄像机的内部参数进行测量，同时对于两部或多部摄像机间的距离、角度，甚至主光轴是否相交没有严格的要求。

人体模型和惯性参数。人体运动是一个复杂的过程，加之人是一种复杂的生物体，在进行力学分析时，衣服制作、器械设计的实验均依赖于人体的惯性参数。而人体惯性参数又依据选取的人体模型。目前图像分析系统常用的人体模型和惯性参数有日本学者松井秀治的15环节模型、美国学者昌特勒的14环节模型、德国学者布拉温·菲舍尔的14环节模型、苏联扎齐奥尔斯基和谢鲁扬诺夫的16环节模型[6]。1994年中国清华大学的郑秀媛、白求恩医科大学和国家体委科研所合作，用CT法测定和回归方程计算中国青年人的惯性参数，研制

---

[1] Y I Abdel-Aziz, H M Karara. Direct linear transformation into object space coordinates in close-range photogrammetry [C]. In: Proc. Symposium on Close-Range Photogrammetry, Urbana, University of Illinois, 1971: 1-18.

[2] Malik M, Mudar S, Florent C. Automatic camera calibration based on robotcalibration [C]. IEEE Instrumentation and Measurement Technology Conference, 1992, 2: 1278-1282.

[3] Martins H A, Birk J R, Kelley R B. Camera dels based on data from two calibrationplanes [J]. Computer Graphics Image Processing, 1981, 17（2）: 173-180.

[4] Tsai R Y. A versatile camera calibration technique for high-accuracy 3D machine visionmetrology using off-the-shelf TV cameras and lenses [J]. IEEE Journal of Robotics and Automation, 1987, 3（4）: 323-344.

[5] 杨年峰, 王季军, 黄昌华, 等. DLT算法中象平面误差对三维重构的影响 [J]. 清华大学学报: 自然科学版, 2000, 19（2）: 10.

[6] 卢德明. 运动生物力学测量方法 [M]. 北京: 北京体育大学出版社, 2001: 19-44; 99-125.

出了16环节模型。苏联和中国的数据均以人体体表骨性标志点为依据来划分人体环节，德国、日本和美国的数据以人体的机构功能为依据来划分人体环节。

解析软件。解析软件是录像、影像解析系统的核心，通过解析可以对人体动作进行回放、动作重新识别、仿真、相关数据获得和处理等。20世纪70年代，欧美发达国家相继开始了运动生物力学解析软件的研发，取得了显著的成绩。目前使用较为广泛的解析软件主要有：德国的SIMI，瑞典的Qualisys，美国的Motion Analysis、Ariel，中国的爱捷系统。就软件的基本原理、实施过程而言，各软件基本相似，但在参数设计、后台支持、界面端口、操作语言、后续开发等方面存在较大的差异。从目前的运用情况来看，Ariel、Motion Analysis被采用较多，这与其英语操作界面、可配备红外线打点、支持人体参数选择、能够实现图像视频回放、模块相对独立等优势有较大的关联。

1.2.1.3 排球基本技术三维运动学的研究状况

随着视频采集、运动生物力学等相关学科的发展，人们对排球技术的研究不只是停留在技术统计和使用效果层面，而是逐渐过渡到对排球技术动作的微观分析，尤其是运用三维分析。张欢[1]对我国男排运动员陈方和波兰选手帕普克的跳发球技术动作进行了三维研究，认为陈方的起跳角度选择适当，其起跳效果好于帕普克；在空中击球环节，陈方的转体、伸肩、收腹的幅度较大，动量传递和积累的效果有利于击球时产生最大的加速度，因而起跳发球的球速较快达到了33.41m/s；在击球的手法上，陈方在击球的同时，手腕具有推压动作，接触球的时间较长，从而使球获得的动能效果较好。

马成顺[2]对中国的杨昊、古巴的巴罗斯、美国的汤姆、德国的安格丽娜四人的跳发球起跳动作进行了运动学分析。四人抛球的方式主要有单手屈臂和单手直臂，抛球的角度范围为68°~78°，高度都在4m左右，抛出球的轨迹均为上旋状；杨昊为两步助跑，其他三人为三步助跑，助跑距离长有利于提高助跑和向前冲跳的速度；安格丽娜属于垂直型起跳，杨昊、巴罗斯属

---

[1] 张欢. 陈方跳发球技术动作的特征分析[J]. 西安体育学院学报, 2003, 20 (2): 72-74.

[2] 马成顺. 中外优秀女子排球运动员跳发球助跑起跳动作运动学分析[J]. 沈阳体育学院学报, 2009, 28 (1): 98-101.

于前冲型起跳，汤姆介于两者之间，更符合跳发球技术的力学要求；重心的水平速度和起跳选手的左膝角位移呈显著正相关；起跳并步时，选手左脚尖内扣的制动和前脚掌首先着地，形成转动的支点，有利于后期加速向上摆臂，有助于相关肌肉的发力，能够保持一定的前冲速度和提高起跳的高度。

潘月增[1]对我国优秀的沙排选手徐林胤跳发球技术动作进行了运动学分析，认为徐林胤的跳发球技术动作较成熟，但存在缓冲时间过长、最大缓冲时刻膝角较小、击球点靠后的不足。结果显示，徐林胤的助跑为三步助跑，助跑步幅逐渐增大，平均助跑速度为3.12m/s，获得最大助跑速度为3.58m/s，助跑并步步幅与助跑速度有明显正相关，助跑速度越大，并步的距离相应增大，并步距离小，水平速度的缓冲无法完全实现，容易导致跳起后前冲幅度较大；起跳方式为并步起跳，其能够调整起跳时间，可以缓解起跳过程中沙地对身体造成的影响；重心腾起角适中，水平速度损失率较高，符合起跳对远度和高度的需求；起跳时增加膝、踝关节的蹬伸幅度有利于提高重心的腾起高度，蹬伸离地时膝关节角度越大越好。

沈富麟[2]对上海队沈琼、方颖超的跳发球技术动作进行了相关研究。从发球的抛球动作，发球速度的测定，同时结合两名选手的腰背肌肉力量进行监测，认为大力跳发球抛球时间偏短、击球点偏低是造成发球球速慢且失误率高的原因。沈琼的发球失误主要是抛球偏左或偏右，击球点偏低，跳发球后段动作未完全伸展开，造成发力时以侧旋球为主，击球时间没有充分用力的结果，建议抛球相对向右侧，抬高击球点，注意发力时手腕的侧拐变化，加快挥臂击球和击球的速率。方颖超发球时抛球不稳定，偏前或偏后，上体动作不够完整，腰背肌发力不充分，建议抛球偏左，提高高点快甩能力。

张闫[3]对1997—1999年全国排球联赛中两次获得最佳发球奖的李铁鸣的跳发球技术进行运动学分析。李铁鸣跳发球的主要特点是助跑阶段并步的步幅大，起跳时两脚依次着地、离地，蹬地角和重心腾起角小，重心水平位移大，重心速度平稳增加；起跳腾起重心水平速度与其右髋角位移显著相关，其垂直速度与左髋、左膝位移存在不同程度的相关。建议我国优秀排球运动员加强前

---

[1] 潘月增.优秀沙滩排球运动员徐林胤跳发球运动学分析[J].体育科研，2011，32（3）：82-85.

[2] 沈富麟.上海男子排球运动员大力跳发球技术动作的诊断[J].体育科研，2009，30（1）：85-88.

[3] 张闫.辽宁男排跳发球技术分析[J].沈阳师范大学学报，2007，25（4）：523-526.

冲起跳的训练和腰腹肌爆发力、上肢速度和力量训练，以适应前冲起跳、空中展幅、速度快的扣球特点。

虞重干[1]对中国优秀男排运动员的跳发球技术进行运动学研究，对队员的跳发球、2号位一般扣球和正面上手发球的运动学差异进行对比研究。认为跳发球的助跑距离大于2号位扣球的助跑距离，前者表现出更为明显的前冲特征；跳发球的重心腾起角小于2号位扣球的重心腾起角；3种动作的击球都以躯干为起始加速环节，都有较大的髋角位移，髋角位移与右手击球速度都具有线性相关的特征。

张松林[2]对李颖、张娜、李珊、杨洁4名优秀女排队员接上手飘球技术动作进行了运动学对比研究。研究表明，接发球准备姿势，4人中李颖的下肢关节角度最小，最为稳定；在移动接球的过程中，重心的高低和起伏、重心移动速度的大小对运动员的移动具有重要的影响，四人中杨洁的重心高度最高，其次是李颖，张娜和李珊排在其后；李颖重心移动速度最快，接着是张娜，然后是杨洁，最后是李珊；重心的波动幅度越小，移动的速度也就越快，重心高度过高或过低对重心移动的速度都不利；建议我国女排自由人训练应加强下肢关节的力量和腰腹肌肉力量的训练，以便增强接发球移动时下肢蹬地力量和控制身体重心迅速转换的能力。

马明兵[3]对周苏红、张娴、杨昊和殷茵4名排球运动员的接发球动作进行了三维运动学比较，选取周苏红和张娴接发球到位动作、杨昊和殷茵接发球不到位动作进行对比分析。研究认为，周苏红和张娴的接发球动作具有移动判断准确、击球点靠近体前，同时下肢的蹬伸用力幅度较小、手臂抬送幅度较大的特征；杨昊和殷茵的接发球动作呈现移动判断不够准确、击球点靠近身体一侧且高于重心、上下肢协调蹬伸用力幅度大、手臂抬送幅度小的特点；接发球动作应该加强预判，移动迅速，对准来球，协调上下肢的力量，从而提高接发球的效果。

---

[1] 虞重干. 对中国男排队员跳发球技术的运动学比较研究[J]. 上海体育学院学报，1990，14（4）：22-27.

[2] 张松林. 对我国女排优秀"自由人"李颖接上手飘球技术的运动学分析[J]. 体育科技文献通报，2007，15（9）：75-77.

[3] 马明兵. 我国优秀女排队员接发球技术的三维运动学比较分析[J]. 西安体育学院学报，2011，28（2）：238-241.

程全德[1]对我国优秀女排运动员张萍、刘亚男、杨娅男3名副攻队员由3号位到2号位的拦网技术动作进行了运动学分析。研究认为，3名运动员均采用跑步移动，具有移动快、起跳快、应变能力强的特点；其中刘亚男的起跳缓冲幅度大，制动充分，水平速度损失量最大，垂直速度的增加最大，因而起跳高度也最高，接近垂直起跳；从摆臂方式来讲，3人都是采用前后屈肘向上摆臂方式；建议加强跑步移动训练，提高跑步移动和起跳的衔接。

白海波[2]以我国优秀女排运动员刘亚男、胡莹、杨洁为研究对象，对3人的拦网技术进行了动作解析。研究认为，从拦网手臂姿势来讲，有双臂自然弯曲，两手置于胸前型；双臂稍弯曲，两手举过头顶两种类型，3人的拦网手臂姿势都属于第一种；从拦网的移动技术分析，刘亚男为跑步移动，杨洁为跨步移动，胡莹为交叉步移动；从起跳环节分析，刘亚男起跳最充分、高度最高，杨洁起跳时间最短，蹬伸不充分，但起跳迅速能够增加起跳的突然性；3名队员拦网时具有左肩、左手明显高于右肩、右手的特征，这与运动员所处位置及拦网的目的有关；拦网击球瞬间的空中姿势是以肩关节为中心进行制动，而不是以髋关节为中心进行制动。

赵歌[3]对中国、古巴、波兰、加拿大4国男排的主力副攻运动员的4号位拦网技术动作进行了三维运动学研究。研究认为，古巴和波兰选手的拦网技术动作较好，空中击球瞬间重心的高度较高，拦网的起跳时机应该晚于扣球时机0.17s为宜；4名运动员拦网起跳摆臂动作均是前后摆臂，且屈肘向上摆臂方式，这种方式有利于发挥蹬地力量，增加弹跳高度；古巴和波兰选手拦网起跳时肩的高度超出球网，滞空的时间也较长，能够增加空中拦球时间，中国和加拿大选手空中适应球能力不如古巴和波兰选手。

李毅钧[4]对中国和古巴男排运动员双人拦网技术进行了对比研究。研究认为，从拦网的准备姿势分析，两国选手没有差别，都是两手高举，目视前方；两国选手均是双人拦网，2号位队员均采用并步起跳，3号位队员采用跑步

---

[1] 程全德. 对我国部分优秀女排队员跑步移动拦网技术的运动学分析[J]. 吉林体育学院学报，200，22（4）：41-43.

[2] 白海波. 我国优秀女排队员移动拦网技术动作解析[J]. 山东体育学院学报，2006，22（5）：80-84.

[3] 赵歌. 中外优秀男子排球运动员拦网技术的三维动作分析[J]. 中国体育科技，2003，39（7）：23-26.

[4] 李毅钧. 中国和古巴男排运动员双人拦网技术的比较[J]. 体育学刊，2003，10（5）：121-123.

起跳；在拦网的高度，即手掌中心到地面的垂直距离，两国选手差异不大，但古巴选手击球瞬间的重心高度较高，且具有较长的滞空时间，手臂高于球网且与球网的夹角较小；中国选手拦网的攻击性不如古巴选手。

王红英[1]以复旦大学男子排球队5名一级运动员为实验对象，对男子排球高姿和低姿防守准备姿势进行了对比研究。研究认为，高姿防守准备姿势的髋、膝、踝的角度都大于低姿防守，前者的重心高、稳定角小，后者则刚好相反，因而高姿防守准备姿势移动快，有利于出击防守；低姿防守准备姿势适用于完成翻滚救球技术动作；现代排球采用压缩防守的阵型，采用高姿防守有利于主动出击防守，以便利用身体不同部位进行截击球，实施防守。

1.2.1.4 扣球技术三维运动学相关研究

我国运动生物力学的科研工作开始于20世纪50年代末[2]，几乎和当今世界运动生物力学发展突出的国家同时起步，随后几经波折，直到1980年以后，我国运动生物力学研究才逐渐步入正轨。我国有关运动生物力学应用于扣球技术的研究最早见于1963年[3]，当时邹延艾运用测力装置和摄影技术对扣球起跳技术进行了研究。邹延艾[4]研究我国优秀排球运动员扣球起跳的情况，认为蹬地时"有效冲量"的大小是弹跳高度的决定性因素；他还把双脚助跑起跳的曲线分为A、B、C三种类型，A型是助跑距离较短，多为"跨步式"起跳，冲量较大，以划弧摆臂较多；B型是助跑距离较长，多为"跳步式"起跳，以直臂前后摆为多；C型是助跑距离较短，多为"跨步式"起跳，蹬地冲量较小，摆臂方式不定。

改革开放以后，随着我国体育学界与国外同行学习和交流机会的增加，我国女排不断突破历史成绩，20世纪80年代世界范围内运动生物力学对排球技战术研究的拓展和丰富，我国体育科研者运用生物力学、三维摄影等先进方法研究排球技战术也蔚然成风，在此期间取得了较为丰富的科研成果。在研

---

[1] 王红英.男子排球高姿防守准备姿势的运动学分析[J].中国体育科技，2003，39（4）：52-53.

[2] 袁庆成.我国运动生物力学的科研现状和期望[J].沈阳体育学院学报，1986（4）：17-20.

[3] 孙丙熊，张松宁.排球扣球技术运动生物力学研究文献综述[J].福建体育科技，1987（2）：14-17.

[4] 邹延艾.排球扣球起跳技术之解剖学及力学特点的初步探讨[J].北京体院科学论文选，1963（1）.

究排球技战术的众多学者中,以西安体育学院的龚雅丽教授以及她的研究生运用三维摄像手段对排球技术进行研究的成果最为丰富和全面,而这些学者大多与日本筑波大学、大阪体育大学、日本体育协会等国外科研领先的学院或单位合作,引进日本先进的测量、分析方法或设备,因而他们的研究也具有较强的前沿性。

1989年,黄尔联、龚雅丽[1]运用电影摄影法和影片解析法,对我国9名国家女排运动员扣球技术进行了研究,界定了扣球的两种挥臂击球动作分别是屈臂型和抡臂型,并对两种类型击球的4种运动学参数(速度参数、时间参数、角度参数、距离参数)和两种图形(质点运动轨迹图、挥臂速度-时间变化曲线)进行了解析和研究。结果显示:屈臂扣球组运动员击球瞬间速度平均值为13.37m/s,击球点高度的平均值为2.67m,击球瞬间手臂与躯干夹角平均值为161°;抡臂扣球组运动员击球瞬间速度平均值为13.26m/s,击球点高度平均值为2.66m,击球瞬间手臂与躯干夹角平均值为162°,两种挥臂动作的三项运动学指标无显著性差异。屈臂型扣球动作攻击性较强,适合强攻;抡臂型扣球动作隐蔽性强,适合快攻。而后,黄尔联[2](1990年)使用法国G·V16mm电动高速摄影机(定点、定位、定量)拍摄我国9名国家队员4号位正面扣球的正、侧面技术动作,采用日本NAC、morias-100型影片运动分析处理系统和松井秀治的人体模型参数,进行相关数据处理,通过研究认为,扣球最佳击球点的方位是起跳后身体重心上升到最高点,击球手臂伸直、手臂与躯干夹角趋近于161°,因此刻挥臂击球的瞬时速度达到最大值,击球方向为斜下方,大约与水平方向呈19°。

王村[3](1993年)采用高速摄影的方法,拍摄了7名优秀运动员前攻(2号位扣球)和后攻(1号位扣球)的技术影片,并就有关前排攻和后排攻的多项运动学参数进行了解析和研究。研究认为两种扣球的相似之处:助跑均为两步助跑,在空中击球环节都以躯干为起始加速环节,髋角位移和击球速度存在一定的线性关系。不同之处是后攻的助跑距离大于前攻,前者平均值

---

[1] 黄尔联,龚雅丽.对中国女排运动员正面扣球两种挥臂动作的研究[J].西安体育学院学报,1989(1):36-46.

[2] 黄尔联,赵建设.关于扣球最佳击球点的定量化研究[J].西安体育学院学报,1990,7(1):48-50.

[3] 王村.我国部分优秀女排运动员1号位后排进攻技术的运动学研究[J].上海体育学院学报,1993(4):36-46.

为3.347m，后者平均值为3.142m；后攻助跑速度大于前攻；后攻并步着地左膝角度大于前攻；后攻的击球高度小于前攻；后攻髋角位移平均值大于前攻；前攻击球前臂有明显的加速及甩腕动作，后攻的手腕有明显的推压动作。

李毅钧等[1]（1993年）采用华航Ks-16型带有内时标的高速摄影机，对陕西省5名大学生男子排球运动员的后排扣球技术动作进行了拍摄，影片分析采用华航TP-3型影片运动分析系统，使用日本松井秀治的人体模型参数，研究认为，后排扣球可以分为三种类型，第一种为前冲型，冲跳距离长（2m左右），击球点较高（3m左右）；第二种为垂直型，冲跳距离短（1m左右），击球点高（3m左右）；第三种为较差型，有一定的冲跳距离，但击球点偏低（2.79m）。后排扣以第一种扣球技术类型为最佳。李毅钧、伊藤章、市川博启[2]（1997年）对后排扣球进行了进一步的研究，这次研究采用2台日本SONY高速摄像机，对4名日本大阪体育大学男排运动员1号位后排扣球动作进行了拍摄，使用大阪体育大学的三维高速录像解析系统进行解析，获得后排扣球空中击球躯干动作的运动学参数、击球挥臂动作的运动学特征参数，得出结论：后排扣球空中击球动作时转体、收腹和伸肩的三维用力动作，空中击球挥臂动作是由肩的水平内转、内旋和肘的伸展加上屈腕、屈指构成的。而且一般选手与国家队选手在击球高度和高度利用能力上有一定的差别。李毅钧等[3-4]、郭荣等[5-6]使用2台SONYDCYVX-100型数字式摄像机，以三维摄像方法对1998年"国际男排邀请赛"的中国、古巴、波兰、加拿大男排队员2号位前排扣球、快球和后排扣球技术动作进行拍摄，采用日本Fyame DIAS三维高速录像解析系统进行相关解析，并对相关数据进行分析认

---

[1] 李毅钧，郭荣.男排后排扣球技术的运动学分析[J].西安体育学院学报，1993，10（3）：21-25.

[2] 李毅钧，伊藤章，市川博启.排球后排扣球空中击球动作的三维高速录像分析[J].西安体育学院学报，1997，14（3）：72-77.

[3] 李毅钧，张欢，赵文娟，等.中外优秀男排选手扣快球技术的比较研究[J].西安体育学院学报，2000，7（1）：35-39.

[4] 李毅钧，郭荣，张欢，等.中外优秀男排选手前排扣球技术的三维运动学比较研究[J].西安体育学院学报，2000，17（3）：41-43.

[5] 郭荣，李毅钧.中外优秀男排选手扣球高度、速度的比较[J].西北大学学报，2001，31（6）：527-530.

[6] 郭荣，李毅钧.中外优秀男排选手前、后排扣球技术的比较研究[J].西安体育学院学报，2001，18（4）：46-49.

为：在扣快球方面，中国选手具有起跳节奏快、腰腹动作幅度小、击球点低的特征，古巴选手具有起跳节奏慢、腰腹动作大、击球点高的特点；在前排扣球技术特征比较中，中国选手起跳踏跳属于平行式起跳，国外选手起跳踏跳为依次起跳，前者有助于增加蹬地力量，后者有助于选择来球及向前冲跳；在后排扣球技术对比中，中外选手均以两脚不同步前后着地依次蹬地起跳；在前排和后排扣球技术比较中，国外选手后排扣球击球点略高；在扣球高度方面，中外优秀选手的扣球高度均在3m以上，最高为3.31m，中国男排扣球击球点低于国外优秀选手。

随着运动视频采集、计算机和摄像机等相关技术的不断进步，在研究排球扣球技术的方法中，高速摄像在20世纪90年代以后开始逐渐流行，但由于性价比的问题，运用摄影进行影片解析的学者大有人在，同时对某一水平或群体的运动员进行同一扣球技术动作研究引起了众多学者的兴趣。邢红林[1]采用国产KS-16mm高速摄影机，拍摄频率为200fps，使用乐凯牌高速航空胶片，拍摄了孙玥、茅菊兰、陈绪雅3名运动员4号位扣球技术动作，采用国产TP-3型影片运动分析处理系统进行解析。通过获得所研究的3名运动员扣球挥臂动作的相关数据，并与前中国女排相关运动员进行比较，认为当前中国女子排球运动员扣球挥臂时指掌速度的利用率较低，造成这一现象的原因是击球时肘关节角度过小，应加强上肢力量、腰腹力量，有利于挥臂速度的提高，应在训练中强化前臂加速前摆技术；同时要注意扣球时异侧手臂的作用。

吕品[2]选用2台日产索尼DXC-637型、1台松下M9000型（供定性分析）共3台摄像机对辽宁女排9名队员3号位快球、4号位拉开球、6号位后排扣球的完整扣球技术动作进行了拍摄，采用爱捷运动录像分析系统进行解析，对运动员不同位置扣球所呈现的助跑起跳特征进行研究，结果表明三种扣球起跳并步具有右脚跟先着地、左脚前脚掌着地、脚尖稍内扣的共同特征；在起跳过程中，3号位扣快球的膝关节并不像前人研究那样缓冲角较小；3号位扣球起跳时间最短为0.35s，4号位和6号位分别为0.38s、0.40s；3号位扣球具有起跳重心腾起角大的特点，4号位具有垂直速度大的特点，6号位具有水平速度

---

[1] 邢红林. 对我国女子排球运动员扣球技术挥臂动作的生物力学比较分析[J]. 中国体育科技，2002，38（5）：19-21.

[2] 吕品. 女子排球扣球助跑的起跳技术[J]. 体育学刊，2003，10（5）：128-130.

大、垂直速度小、腾起角度小的特点。随后吕品[1]对辽宁女排不同位置扣球空中击球技术动作进行研究,认为辽宁女排队员的三种不同扣球起跳腾空具有右膝关节前屈的共同特征,且屈膝幅度越大,髋关节角度变化越大。吕品[2]对杨昊和4名古巴女排队员后排扣球空中击球动作进行了研究,结果表明5名队员挥臂击球方式有三种,分别是肩上式、水平式和肩下式,后两种挥臂方式的挥臂速度大于前一种方式,水平式挥臂方式更满足实战的需要;杨昊扣球的空中姿态呈现"]"型到">"型到"<"型的变化过程,古巴4名运动员的空中姿态呈现">"型到"<"型的变化过程,前者的自身腰腹力量不足导致姿态变化不一样。郭静如[3]也认为,扣球击球空中"<"型身体姿态要求运动员具有良好的柔韧素质、较强的腰腹力和背伸肌力,并建议中国女排运动员加强相关肌肉群的力量训练。

万京一等[4]通过对我国甲A联赛13名主攻手与路易斯、孙玥、茅菊兰等的强攻扣球技术动作的对比研究,认为在击球高度和挥臂速度方面,我国甲A选手与世界选手相比具有一定的差距。我国甲A选手身体重心上升最大高度平均值为1.644m,而击球瞬间的身体重心高度为1.615m,基本都是在身体重心达到最高点之后击球;在击球瞬间肘关节角度平均值为131°,距离理想的180°具有一定差距;在最大扣球高度的利用率方面,有一定的提升空间。

张清华等[5]选用2台日产索尼DXC-637型对10名一级男子排球运动员的助跑起跳扣球动作进行定点拍摄,运用美国APAS运动录像解析系统进行数据解析和处理,使用由系统自带的16个人体标志点的人体模型及相关参数。结果显示,运动员起跳缓冲与起跳高度呈高度负相关,在一定范围内,缓冲时间越短越好,同时着地、缓冲、蹬伸各时相所占比重对起跳效果有较大影响;在缓冲

---

[1] 吕品. 辽宁女排队员不同扣球空中击球技术动作的研究[J]. 沈阳体育学院学报, 2004, 23(5): 693-694.

[2] 吕品. 杨昊与古巴女排运动员后排扣球空中击球技术动作分析[J]. 中国体育科技, 2004, 40(2): 48-50.

[3] 郭静如. 排球强攻空中姿态的运动生物力学分析[J]. 天津体育学院学报, 1997, 12(3): 63-66.

[4] 万京一, 葛春林, 刘铁一. 对我国甲A女排主攻手强攻扣球挥臂速度的分析与研究[J]. 北京体育大学学报, 2004, 27(1): 128-134.

[5] 张清华, 华立君, 陈钢. 男子排球上步扣球起跳技术的生物力学分析[J]. 体育科学研究, 2008, 12(2): 65-67.

阶段重心的水平速度损失，在蹬伸阶段的垂直位移对重心腾起速度和高度具有重要影响；髋、膝、踝关节有依次加速蹬伸的特点。

对不同运动员的相关扣球动作进行研究，对同一运动员不同扣球动作进行研究，也成为我国学者进行扣球研究的领域之一。白海波[1]采用三维DLT摄像法，对王一梅和杨昊的比赛进行了现场拍摄，并对两者的强攻扣球技术动作进行了解析和研究，得出王一梅助跑阶段的最大水平速度为375cm/s，起跳至落地的距离为80cm，具有前冲型起跳的特征；空中击球动作为击球点高达2.93m，手指掌关节点的最大速度为14.8m/s，击球后的球速为24.9m/s；认为掌握多样化的助跑起跳技术，并在不同位置合理运用，有利于提高强攻扣球高度和力量实效。邹伟超[2]、杨宋华[3]分别对江苏女排6名运动员的背飞扣球技术动作、2号位扣一般球技术动作进行了研究，获得相关的指标数据，并对两种不同扣球的助跑、起跳、空中击球等环节进行了解析和研究，认为所研究的女排队员与国际球星相比还存在一定的差距。杨嘉民等[4]对比赛中刘亚男背飞和背快扣球技术动作进行了拍摄和相关动作解析，研究结果表明，刘亚男的背飞和背快扣球的起跳时间相同，均为0.26s，但缓冲和蹬伸的时间分配不同；背飞扣球的助跑速度为5.86m/s，大于背快扣球的2.95m/s，前者具有积极起跳的特征，后者具有被动起跳的特征。

运用三维摄像拍摄，对不同运动员、不同位置的不同扣球动作，进行横向或纵向的对比，并结合不同的测量设备或仪器进行综合的研究成为扣球运动生物力学研究的趋势之一。毛国莹[5]、王丽娜[6]运用三维摄像方法，对苏州大学8名二级运动员的前后排扣球、跳发球技术动作进行现场拍摄，并对不同位置运动员扣球技术动作的助跑起跳、空中击球、落地缓冲等环节的相关指标进

---

[1] 白海波.王一梅强攻扣球技术动作解析[J].体育科研,2009,30(1):81-84.

[2] 邹伟超.江苏女排单脚背飞扣球技术的运动学分析[D].苏州:苏州大学,2008.

[3] 杨宋华.对江苏省女排队员二号位直线扣一般球技术的运动学比较分析[D].苏州:苏州大学,2008.

[4] 杨嘉民,常华.对我国优秀女排队员单脚起跳扣球技术动作分析——背飞与背快扣球技术动作的比较[J].体育与科学,2010,31(1):97-100.

[5] 毛国莹.排球跳发球、后排扣球、前排扣球助跑起跳技术的运动学比较分析[D].苏州:苏州大学,2010.

[6] 王丽娜.排球跳发球后排进攻扣球、前排进攻扣球的起跳-落地阶段挥臂动作的运动学比较分析[D].苏州:苏州大学,2010.

行解析和研究，得出了运动员在三种扣球技术动作各环节的数据指标，并进行了横向对比，分析了三种不同技术动作呈现出的助跑起跳时膝关节角度、肩转角度、重心位移等指标参数的差异及原因。

综合我国学者运用运动生物力学、三维解析等方法对排球扣球技术动作的研究，发现其采用的方法和手段呈现与世界先进水平逐渐接轨的趋势。从我国学者早期对国外学者在该领域研究的介绍到引进国外的研究手段、方法及相关的器材设备，从借用国外的研究成果、数据到独自完善相关数据，研制中国人自己的人体参数，从单一拍摄动作到整场比赛摄像，从二维拍摄到三维拍摄，我国科研工作者在对扣球技术动作的研究和分析方面逐渐深入。从研究对象相关数据获得来讲，主要有现场比赛拍摄和实验拍摄两种方法，从实战的角度讲，现场拍摄更能反映技术动作运用的实际情况，但由于画面遮挡等情况的存在，不利于后期数据的解析和处理，而实验拍摄相对而言有利于数据的后期处理和提取，但技术运用与实际情况存在差异。从研究对象所处的水平来看，可以分为两类，第一类是具有国际级水平的运动员，第二类是具有一定等级水平的国内运动员，而有关普通学生或没有运动员等级的相关研究未见报道。从研究扣球技术动作的状况来分析，主要集中在以下几个方面：第一，从扣球技术动作的整体进行研究，对不同技术阶段的显著性特征进行相关数据分析或对比；第二，对扣球某一阶段进行研究，如对助跑、起跳动作进行研究，在研究的过程中使用运动力学的原理、冲量定理、动量守恒原理等进行相关动作的解释和推论；第三，从扣球技术某一阶段的动作类型进行研究，如扣球挥臂的种类——屈臂型和抡臂型等、扣球击球的躯干形态，对不同的动作类型的动作、原理差异进行研究；第四，对扣球不同阶段人体环节、角度、速度等的变化进行研究，如击球人体重心变化情况、髋关节位移角度及其变化等；第五，对不同位置的扣球进行相关研究，如对前排、后排扣球进行对比研究，就前后排扣球人体环节、角度、击球点等相关情况进行定量分析。从扣球动作拍摄使用的器材和方法上讲，由低速摄影转向高速摄像。在研究方法上具有趋同的趋势，在研究的内容上侧重点有所不同，在研究的目的和结果上具有差异性。

1.2.2 国外相关研究概况

1.2.2.1 扣球技术生物力学基础相关研究概况

国外在生物力学理论、测量手段与方法使用方面都要领先我国，有关人、动物运动的原理的假设及研究，早在19世纪就已涉猎。有着"生物力学之父"

之称的鲍列里在19世纪出版了《论动物运动》一书，史称"第一部生物力学专著"[1]，开创了生物力学学科。在这本专著里，作者采用杠杆原理测量人体重心，通过对人的基本运动形式进行分类，采用力学原理对人和动物的走、跑、跳、游等行为进行了力学原理分析。对人或动物的运动形式、结构进行原理性分析研究的方法一直延续到19世纪中叶。1836年，韦伯兄弟依据原理推论，提出了150个假设，尽管这些假设在后人的验证中，大多都不是正确的，不过这表明在新的技术和测量工具、手段出现以前，人们对人体运动的研究处于理论分析和推断的基础上。19世纪中叶以后，随着光学技术的进步，照相技术的出现和应用、电影的发明，使运动生物力学研究有了新的手段和测量、贮存的工具。随着测量工具和手段的改进与丰富，人们对运动生物力学的研究不断深入，这一时期学术界也获得了较为丰富的科研成果与专著，如美国人马布里奇的《动物运动》《人体外形运动》；俄国人列斯加夫特的《人体运动理论》等[2-4]。同时，对人或动物运动动作贮存和解析开始出现，1877年迈布里奇（Muybridge）使用24架照相机和连续电子开关对骑马奔跑的连续动作进行了拍摄，这也是后来影片分析的萌芽[5]。随后几年，有研究者合作发明了用于研究人体运动力学特征的连续光点照相法。

随着技术的进步，尤其是奥林匹克运动在全球范围内的影响，科技服务体育、科学服务运动的理念和观点深入人心，促使人们完善科技手段，为提高运动员成绩提供技术保障和理论支持。因而，在20世纪初期，西方各发达国家纷纷开始建立生物力学、运动生物力学实验室，把基础理论和实验研究相结合，而高速发展的测量技术、摄像技术、电子技术、计算机技术等新技术不断诞生和进步，也为研究提供了技术保障。尤其是在1967年以后，国际生物力学学会、国际运动生物力学学会相继成立，标志着运动生物力学学科的建立，而逐渐成熟的研究方法和手段，普遍得到认可和推广。运动技术解析和运动技术诊断手段，也随所指导运动员在奥运会等比

---

[1] 李良标，吕秋平.运动生物力学[M].北京：北京体育大学出版社，1991.
[2] 许耀球，姚大白.田径运动生物力学[M].北京：北京航空航天大学出版社，1990.
[3] 全国体育学院教材委员会.运动生物力学[M].北京：人民体育出版社，1990.
[4] 运动生物力学教材编写组编.运动生物力学[M].北京：高等教育出版社，1988.
[5] 赵焕彬.运动技术可视化实时生物力学诊断系统的研制[D].石家庄：河北师范大学，2007.

赛中的成绩的提高,得以不断推广和完善、成熟。尤其是三维摄影、摄像动作解析技术不断提高,相关运动学、动力学、肌电学已成为动作、技术研究的主要理论基础和研究手段。

运用三维影像解析排球扣球技术动作最早起源于美国、德国、苏联和日本等国家,同时这些国家也是生物力学、运动生物力学研究开展较早的国家,目前产自这些国家的视频采集、摄像录像设备、解析软件、人体模型和惯性参数等相关研究设备或软件被广泛采用。对排球扣球技术的研究也经历了从三维摄影解析到三维摄像解析的过程。

1.2.2.2 扣球技术三维运动学研究概况

国外有关排球扣球技术统计和使用的相关研究较少,对扣球技术的研究多集中在扣球动作对运动员的伤害、教学中的技术学习、力学分析等方面,因而在国外扣球技术使用统计方面的相关研究获得资料较少,这里不再叙述,而运用三维运动学对扣球技术动作进行研究的文献相对较多。日本运用生物力学进行排球相关研究较多,相应研究成果在我国报道和引用较多。日本筑波大学组建"排球研究会",主要目的是构建和完善"排球学"的理论结构[1],研究对象为世界一流排球队。20世纪70年代初,日本学者丰田博[2]利用比赛获得的优秀运动员扣球图片,对扣球起跳时运动员不同关节角度变化进行了研究。认为优秀运动员的扣球起跳在缓冲时相,髋关节的角度为90°,膝关节角度为100°～110°,踝关节角度为80°～90°比较合理,同时认为腿部力量较差是导致低水平运动员与优秀运动员关节角度差异的原因。1980年,砂本秀羲[3]使用5台摄像机,对日本和古巴的比赛进行拍摄,并对所获得的影片进行解析,依据获得的数据认为古巴队扣球高度、速度都优于日本队。通过拍摄世界一流排球队的比赛,进行数字转化,并对不同选手扣球的助跑起跳、扣球高度、重心移动高度,起跳时、扣球时身体各相关环节角度等参数进行解析和提取,认为世界一流扣球选手助跑结束获得的最大速度为2.90～4.42m/s,其最佳值为4m/s,扣球挥臂速度为

---

[1]筑波大学体育系排球研究室.最优排球选手的技术分析[J].体育科研,1982(10):19-21.

[2]丰田博.日本排球技术和战术[M].北京:人民体育出版社,1979:154-156.

[3]砂本秀羲.日本—古巴对抗赛排球技术分析和比较[C].日本体育协会科学研究报告,1980:60-68.

15~17m/s。都泽凡夫[1]研究认为，优秀排球选手扣球起跳具有以下特征：第一，重心降低，身体前倾助跑；第二，助跑时重心上下移动的幅度较小；第三，降低起跳时的重心速度，加大后倾角，对于加大垂直移动距离有利。桥原孝博[2]通过研究排球队员前、后排扣球技术特征，认为后排扣球时人体腰腹运动的幅度大于前排扣球，在击球高度方面，前排与后排扣球没有明显差别。我国学者苗大培和日本学者龟古纯一合作[3]，采用DLT方法，对1991年世界杯排球赛中男女优秀选手的前、后排扣球技术进行现场测试分析，研究结果表明后排扣球的击球点高于前排扣球，且具有工作半径大、挥臂速度快的特点。在助跑阶段，前、后排扣球助跑方向不同，前者表现为左右不均衡型，后者则为左右均衡型，后排扣球助跑速度大于前排扣球；在起跳阶段，后排扣球的起跳高度高于前排扣球。1994—1996年，日本排球协会科研委员会成员八坂刚史[4]，采用三维高速摄像技术对日本、美国、意大利等国家男排比赛中的扣球高度录像进行贮存和动作解析，认为日本男排平均扣球高度接近世界水平。

一些欧美国家运动生物力学中有关排球扣球技术的相关研究不是很多，而且相对较为分散。20世纪80年代初，加拿大人奥黑曼[5]使用Locam摄影机拍摄国际级水平男排选手扣固定球的5次动作，取产生最高球速的动作进行生物力学分析，认为扣球所需要的力主要由肩部肌肉提供，前臂和接触球的腕部的鞭打动作的形成源自肩部伸肌收缩加速和肩部屈肌减速；在扣球过程中，肘部伸肌和腕部屈肌没有产生任何冲力，因而在扣球训练中，发展肩部肌肉群的连续收缩最为重要。加拿大研究者运用Locam 16mm摄像机以100fps的拍摄频率，对15名加拿大青年排球运动员的扣球技术进行了影片摄制，经PCD数字化解析仪解析，得出相关研究数据，发现优秀的运动员在完成扣球动作过程中，身体各环节的动能和速度是逐渐和连续变化的，且下肢动作具有稳定的

---

[1] 都泽凡夫.优秀排球选手如何才能跳得高——来自生物力学的启示[J].浙江体育科学，1986（4）：100-101.

[2] 桥原孝博.关于排球跳跃距离研究[J].日本广岛体育学研究，1995，21（1）：25-30.

[3] 苗大倍，龟古纯一.前排扣球和后排扣球技术的生物力学对比分析[J].中国体育科技，1993，30（3）：55-60.

[4] 八阪刚史.用DLT法对排球比赛中扣球高的研究[C].日本体育协会科学研究报告，1996：25-30.

[5] 奥黑曼.排球扣球时摆臂的动力分析[J].体育科技，1982（4）：42.

特征；技术差的运动员，各环节动作非常不稳定；技术优秀的运动员的扣球技术与屈臂型技术形似，具有共同的技术模式；在击球中，优秀运动员以髋关节为轴旋转，技术差者以躯干为轴[1]。

运用摄影、肌电和测力装置对30名排球运动员的扣球技术进行了相关研究，获得大量参数，并运用相关分析和因子分析等方法对扣球技术的生物力学结构进行了深入的研究和探讨，得出了扣球的空间时间特征模式和扣球的因子结构。扣球的因子结构包括：时间结构因子；上肢动作协调和下肢动作协调因子；力学因子；动力学因子。

运用三维摄像、运动生物力学方法对排球技战术研究较全面、影响较深远的是美国的生物力学博士艾里尔，他研究使用和发明的方法及动作解析系统至今仍被广泛使用。1981年艾里尔与美国奥委会合作，使用三维摄影方法对当年参加世界杯的中国、巴西、美国、苏联、日本、古巴和保加利亚7支女排队伍的比赛进行拍摄和深入研究，从而为研究优秀女排的技战术打法提供了详尽的数据，为美国女排实力的提升和取得优异的比赛成绩打下了坚实的基础。在艾里尔提交给美国奥林匹克训练中心的报告数据中显示，优秀女排运动员扣球的最高时速为22.5m/s，从击球到球着地的飞行时间为0.3s；最低球速为15m/s，飞行的时间为0.65s；平均球速为19.8m/s，平均飞行时间为0.45s；扣球击球高度最高为2.95m，最低为2.65m，平均为2.80m，一般击球点在网上0.50m左右。通过分析队员防守、移动的速度、球飞行的时间，该报告认为，比赛中对于扣球，如果前排拦网失败，后排防守队员很难移动到位进行防守[2]。

综合国外学者的研究，日本学者在运用运动生物力学原理、三维动作解析等方法研究排球技战术建树颇多，尤其是在扣球技术动作方面的研究。通过对世界优秀男、女排球队比赛进行摄像，运用DLT法进行动作解析，对选手扣球技术动作相关信息进行贮存、分类，获得了大量的客观数据，进而对数据进行对比分析，并结合人体解剖学、生理学、生物力学、运动学等方面的知识，剖析优秀选手的特点，找出差异，为鉴别、改进、指导运动员相关技术动作提供

---

[1] Rheresa Maxwell, "A Cineniatographie analysis of the volleyball spike of selected top-calibre female athletes" Volleyball Tech J. 1983, 7 (1).

[2] 刘志成. 运用电脑对排球扣球、发球和防守的生物力学分析[J]. 中国体育科技, 1986 (2): 1-11.

数据支撑，为改进运动训练方法提供依据。日本学者对扣球技术动作的三维研究主要体现在以下方面。第一，扣球技术动作整体研究。通过对比赛的摄像，就不同优秀选手的扣球高度，助跑的步伐、速度，起跳时身体关节角度等相关指标参数进行横向对比，以获得优秀运动员扣球的相关指标参数，从而为普通排球队员提高扣球技术水平提供数据参考。第二，扣球技术动作某一环节研究。对扣球助跑、起跳环节进行研究，通过解析和提取世界优秀排球运动员助跑、起跳环节动作及角度等参数，以界定世界一流排球运动员助跑、起跳的动作特征，从力学、运动学角度分析相关参数的合理性、有效性。第三，不同位置起跳扣球的研究。如前排一般扣球与后排一般扣球，就助跑起跳步伐、速度及击球高度进行对比分析，以找出不同运动员在前排、后排扣球所体现的技术特征。

1.2.3　前人相关研究的总结及研究新视点

在扣球技术使用和分析方面，前人进行了较多的相关研究，且多集中在进攻打法、使用次数和效果方面，对国内外不同球队，结合不同比赛及结果，进行了纵向与横向的对比，对中国女排和世界女排强队进攻打法的差异和原因进行了不同轮次、不同攻防系统等的分析和阐述。目前女子排球技战术打法依然是学者们研究的热点，毕竟在不同时期的比赛中，女子世界排球的技战术打法会有新的变化和特点，同时逐渐引入相关统计软件常规技术统计中，进而对不同位置的扣球使用次数、效果进行研究。排球技术经过30多年的发展，已经相对成熟和完善，尤其是扣球技术，在对空间、时间、高度、位置、节奏和变化等维度的利用上均有所体现，难以在技术层面有所突破，但结合这些变化如何使用扣球技术和催生正向效果，无疑是优秀攻手和一般攻手的区别所在。因此，对世界不同类型的优秀攻手的扣球技术使用特征进行研究具有重要的应用价值和理论意义。同时，目前对对手主要进攻队员的特点，进攻的习惯线路、变化特点等相关情况的分析和掌握，已成为世界各国女排教练和队员的关注点，进而也成为理论研究的新领域。

前人运用三维运动学方法对扣球技术进行了较多的研究，主要集中在不同运动员扣球的挥臂动作，助跑起跳时的速度和各关节角度变化，击球高度等方面，针对扣球动作不同技术环节的运动学指标进行探讨和研究，获得了相应的研究成果。目前，运用三维拍摄方法，结合肌电分析仪、测力台、神经冲动测量仪对扣球技术进行综合研究开始出现，但也存在难以与比赛实战对接的不足。综合学者以往对扣球进行三维运动学方面的研究，存在研究对象选取较为久远，代表性和时效性不足；研究测试多在实验条件下进行，缺乏实战性的特点。由于近年来中国女排运动员的身高、体型等身体条件与早期女排运动员有着较大的变化，但中国女排依然缺乏"一锤定音"的优秀运动员。因此，对中外代表性攻手扣球技术动作进行三维运动学对比分析，以期从定量的角度揭示中国女排运动员扣球技术运用的不足，改善和提高中国女排攻手扣球技术的使用效果，从而促进中国女排进攻实力的进一步增强。

综上所述，国内外学者对排球扣球技术运用、扣球技术动作过程的运动学特点进行了一定的研究，但在研究对象选择和技术动作分析层面较滞后，研究结果的针对性和时效性不足。因此，运用技术统计和三维运动学解析方法，结合不同类型运动员的扣球线路选择、技巧变化、节奏等进行综合研究具有一定的理论意义和实践价值。

1.3 研究内容

通过拍摄中外优秀女排运动员扣球技术动作和进攻打法等训练和比赛资料，全面、系统分析中外优秀女排运动员扣球技术使用特征，包括扣球的起跳位置、线路、技巧和手法、动作变化、效果等。同时，对中外女排强攻运用的效果、战术结构、失误的原因进行分析；对中外女排快攻、后排攻的技战术运用效果进行分析。重点对中外优秀女排运动员不同扣球技术动作的三维运动学差异及原因进行分析，包括助跑的速度和重心高度的变化，起跳角度，起跳时各相关环节的角度变化，空中击球的高度等，寻求我国女排运动员扣球进攻存在的不足，深入剖析其产生的原因，探求改进、提高进攻效果的针对性策略，以期为中国女排科学化训练提供理论依据和数据参考，为提高中国女排进攻实力提出合理建议和对策。

1.4 研究创新

其一，详细分析了中外优秀女排运动员扣球技术的动作差异，构建了中外优秀运动员强攻扣球技术的环节模型。

其二，厘清了中国女排主攻手扣球技术动作过程中存在的不足，为提升中国女排运动员扣球实力及实施科学化训练提出合理化建议。

1.5 研究技术路线

中外优秀女排比赛中扣球进攻技战术应用比例、效果的统计分析和对比——扣球运用效果明显、效率较高的中外优秀女排运动员的界定和选取——中外优秀女排运动员扣球技术动作比赛现场拍摄和样本选取——代表性攻手扣球技术动作的三维运动学分析和对比——中国女排运动员扣球技术失误原因的探析——提高中国女排运动员扣球进攻能力的对策和建议。

2 研究对象与研究方法

2.1 研究对象

主要研究中外优秀女排运动员的扣球技术动作。以当今排坛排名前8的女排队伍及其代表性运动员为测试、调查对象，主要有美国、巴西、意大利、中国、日本、塞尔维亚、俄罗斯、韩国等国女排运动员，以及在中国女排联赛效力的部分国外运动员；以2010—2012年，世界三大女排赛事即2010年世界女排锦标赛、2011年女子排球世界杯比赛、2012年伦敦奥运会女子排球比赛的部分赛事状况和比赛结果为技术统计样本和分析基础；依据2010—2012年世界女排大奖赛，尤其是中国站的比赛，对所研究运动员的扣球技术动作进行现场的三维拍摄，作为动作解析和分析的参数来源。

2.2 研究方法

2.2.1 文献资料法

购买和查阅了1975—2009年体育院校和师范院校相关的排球教程共计10余部，对扣球相关理论论述进行了较为细致的梳理。通过中国期刊网、硕博论文网，以"扣球""排球技术""排球技术三维分析""排球力学""动作解析""排球运动学""排球"等词为题目、关键词、主题下载和阅读了相关专业文章共计300余篇。通过外文数据库，以"volleyball""kinematics""dynamics""performance""three dimensional"等词为关键词搜索相关专业文章共计46篇，为论文撰写提供了专业角度与思路；通过新浪、搜狐、凤凰网、腾讯等国内知名网络媒体，以及Volley World、《中国体育报》《体坛周报》等平面媒体，获得排球的比赛介绍、队伍解说、赛况分析、球队梳理、赛场风云等相关评论、文章共计50余篇，为拓宽论文思路奠定了基础；通过国家体育总局官方网站、中国排球协会官方网站、中国排球网、世界排球联合会、欧洲排球联合会、郎平全球个人官方网站、亚洲排球联合会等排球相关官方网站及部分球星个人网站获得比赛动态、赛事数据、个人信息、项目趋势、前沿技术、规则变迁等权威性、及时性资讯，为把握和分析球员技术动作成因、趋势、对比提供可靠的依据。

2.2.2 三维影像分析法

本研究采用三维影像分析法，分别对2010年世界女排大奖赛宁波总决赛，2011年世界女排大奖赛北仑站、漯河站、泉州站比赛，2012年世界女排大奖赛佛山站比赛，以及2011—2012年中国排球联赛决赛等相关比赛中，中外优秀女排运动员的扣球技术动作进行三维影像拍摄。

拍摄器材：日本松下M9000型摄像机4台。

拍摄频率：50fps。

拍摄方法：本研究采用DLT三维合成法进行三维空间的构建。

如图2-1、图2-2所示，2台摄像机为一组，共两组，每组的2台摄像机分别固定在场地侧面和后面并使主光轴相大约交成直角，两组摄像机的拍摄区域分别对准球场2号位与4号位。在每次拍摄前，使用爱捷三维框架为2号位与4号位定标，框架放置的位置如图2-1、图2-2所示，框架标定立体空间为两组相机拍摄交叉的边长约5m的正方形，x轴、y轴、z轴的方向所指如图2-1、图2-2所示。

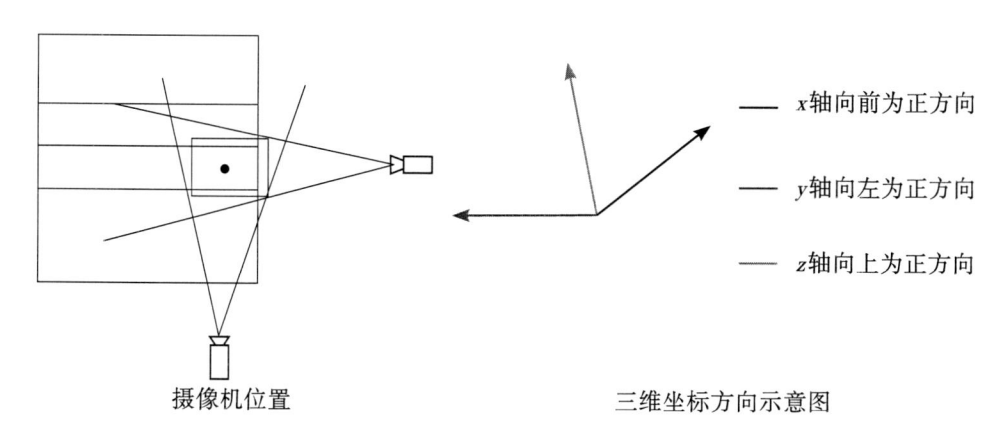

图2-1 2号位区域扣球摄像机机位及拍摄示意图

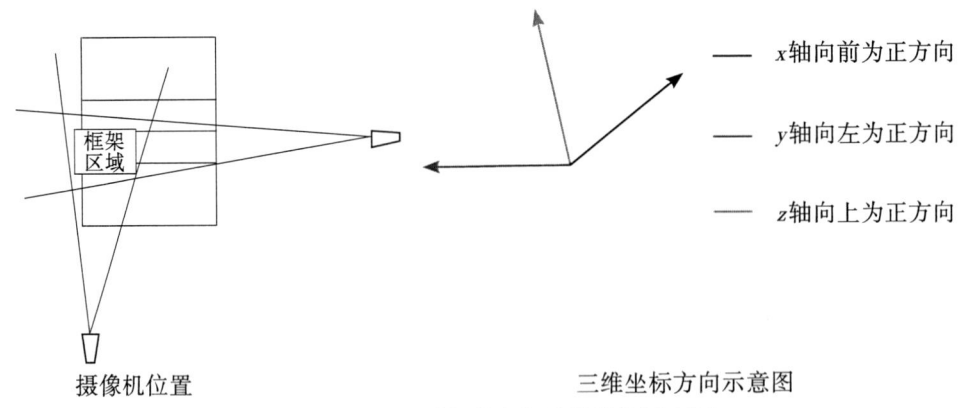

图2-2　4号位区域摄像机机位及拍摄示意图

分析方法：采用美国Ariel公司的三维动作分析系统，对优秀运动员的扣球技术动作进行了解析，对各选手完成的扣球技术动作，从助跑起跳到空中击球直至落地缓冲的动作画面，逐场进行了影像解析，计算出每一幅画面中身体各环节部位的坐标，主要包括位移、距离、速度、高度等相关指标。

数据平滑：本研究采用数字低通滤波进行平滑处理，截断频率为8Hz。

同步方法：本研究采用外同步方法进行影像同步，将扣球击球瞬间作为同步画面，并采用同步校正功能进行影像同步校正。

误差分析：本研究通过1m固定长度的标杆在框架的标定范围内，分别对平行于x、y、z轴的方向进行误差检测，经数字化验证x轴方向的误差为（0.013±0.002）m，y轴方向为（0.013±0.004）m，z轴方向为（0.008±0.003）m。

2.2.3　录像观察和技术统计法

对获得的2010年世界女排锦标赛、2011年女排世界杯比赛、2012年伦敦奥运会女排比赛、2010—2012年世界女排大奖赛等相关录像视频，参照国际排球联合会的一些权威指标数据，结合排球相关专业知识，进行录像观察和技术统计，通过现场比赛观摩对照，进行技术特征的描述和分析。

2.2.4　数理统计法

对获得的相关比赛数据，球队技术运用数据，运动员相关信息、参赛技术运用数据，技术动作的运动学、动力学参数等一般数据和指标参数，采用

Excel、SPSS等常规和专业统计软件进行运算和处理,为纵向和横向比较奠定基础。

2.2.5 对比分析法

对获得和整理出的相关数据、运动员技术动作结构特征、不同球队技术风格构成等相关内容进行对比分析,以揭示世界优秀女排运动员扣球技术动作的共同特征及差异。

3 中外优秀女排运动员扣球技术运用效果的对比与分析

扣球是排球基本技术之一，是跳起在空中将高于球网上沿的球有力地击入对方区的一种击球方法[1]。扣球在比赛中占有重要的地位，是得分的主要手段，扣球的成败体现着队伍的战术质量和效果，是夺取比赛胜利的关键。一支球队的攻击力往往取决于该队的扣球技术水平。[2]扣球按照运动员起跳不同区域、不同动作方法有着不同的分类。由于进攻特性较为突出，扣球是排球技术中攻击性最强的一项进攻技术[3]。本书按照进攻打法、进攻节奏和进攻区域把扣球分为强攻、快攻和后排攻进行研究，以揭示中外优秀女排的进攻差异，寻求不同技术特点球队的进攻结构差异，探讨中国女排进攻模式之得失，探求优秀女排的进攻模型。本节选取2010年世界女排大奖赛决赛、2011年世界女排大奖赛和世界杯比赛，中国与巴西、美国、俄罗斯、塞尔维亚、日本等强队的相关比赛，进行现场观摩结合录像统计，并参考国际排联的数据，对中国女排与其他女排强队就扣球技术运用类型、效果、比例等进行数据对比和分析。

强攻是在本方无掩护或较少掩护的情况下，主要凭借个人力量、高度和技巧强行突破对方的拦网和防守[4]。强攻是现代排球在比赛中制胜的关键，世界一流水平的球队无论是在强攻扣球的力量和速度上，还是在高度和变化上都有一定的优势。中国女排随着高大化路线的发展，运动员在身高、扣球高度等方面，已经具有了较好的身体条件。各种快球以及以快球为掩护，由同伴或本人进行的进攻，都可以叫作快攻。后排攻是指进攻队员从进攻线后起跳，冲至进攻线前上空进行扣球的技术[5]。后排起跳可以

---

[1] 虞重干.排球运动教程[M].北京：人民体育出版社，2009：84.

[2] 体育院系教材编写组.排球[M].北京：人民体育出版社，1979：89.

[3] 排球教材编写组.排球[M].北京：高等教育出版社，1987：167.

[4] 虞重干.排球运动教程[M].北京：人民体育出版社，2009：120.

[5] 李毅钧.排球基础教程[M].北京：中国科学文化出版社，2003：62.

从5、6、1号位发动，目前1号位和6号位运用较多，即通常所讲的后2、后3进攻。三种进攻打法的比例结构、效果，与球队的技战术打法和运动员的进攻实力具有较强的相关性。

3.1 中国女排和俄罗斯女排扣球技术运用的对比分析

俄罗斯女排作为一支世界女排传统强队，高举高打是其明显的进攻特色。2012年伦敦奥运会，俄罗斯女排通过在日本举办的奥运落选赛获得伦敦奥运会参赛资格，在获得奥运会小组第一名的情况下，在小组交叉淘汰赛中遭遇状态回升的巴西队，被后者逆转，最终无缘奥运会4强。发挥不稳定、队员起伏较大是俄罗斯女排技术的薄弱环节。

3.1.1 中国女排和俄罗斯女排进攻结构及效果的对比分析

表3-1为中国女排和俄罗斯女排进攻打法结构和效果汇总，选取2011年世界女排大奖赛中国和俄罗斯的两场比赛为分析样本，两场比赛均是俄罗斯获胜。从表中可知，俄罗斯女排的强攻比例均超过了60%，大奖赛决赛其强攻的比例更是达到了72.8%，得分率分别为45.3%、50.8%；中国女排两场比赛的强攻比例分别为50.0%、40.7%，强攻得分率分别为47.5%、24.3%。对快攻运用的比例进行分析，俄罗斯的快攻比例分别为9.1%、13.6%，得分率分别为85.7%、54.5%；中国女排的快攻比例分别为42.5%、41.8%，得分率分别为61.8%、55.3%，得分率均超过了50%，两队的快攻得分率都高。对后排攻运用的比例进行分析，俄罗斯女排后排攻的比例分别为22.1%、13.6%，得分率分别为52.9%、63.6%；中国女排后排攻使用比例分别为7.5%、17.6%，低于俄罗斯的使用比例，得分率分别为16.7%、43.8%，低于俄罗斯女排的得分率。俄罗斯强攻的使用比例明显高于中国女排，得分率也高于中国女排；中国女排快攻使用比例高于俄罗斯队，两队的快攻得分率都较高，但中国女排得分率并不比俄罗斯高；俄罗斯女排的后排攻无论是使用比例还是得分率都高于中国女排。俄罗斯女排的强攻在球队进攻中依然占有很大的比例，快攻保持较高的得分率，后排攻的使用比例及效果有待提高。

表3-1 中国女排和俄罗斯女排不同进攻打法效果对比表

比赛名称	国别	分数	强攻次数	占比/%	得分/次数	得分率/%	快攻次数	占比/%	得分/次数	得分率/%	后排攻次数	占比/%	得分/次数	得分率/%	总扣球数
2011年大奖赛泉州站（0:3）	中国	64	40	50.0	19	47.5	34	42.5	21	61.8	6	7.5	1	16.7	80
	俄罗斯	75	53	68.8	24	45.3	7	9.1	6	85.7	17	22.1	9	52.9	77
	差值	-11	-13	-18.8	-5	2.2	27	33.4	15	-23.9	-11	-14.6	-8	-36.3	3
2011年大奖赛决赛（0:3）	中国	55	37	40.7	9	24.3	38	41.8	21	55.3	16	17.6	7	43.8	91
	俄罗斯	75	59	72.8	30	50.8	11	13.6	6	54.5	11	13.6	7	63.6	81
	差值	-20	-22	-32.2	-21	-26.5	27	28.2	15	0.7	5	4.0	0	-19.8	10
合计	中国	119	77	45.0	28	36.4	72	42.1	42	58.3	22	12.9	8	36.4	171
	俄罗斯	150	112	70.9	54	48.2	18	11.4	12	66.7	28	17.7	16	57.1	158
	差值	-31	-35	-25.9	-26	-11.9	54	30.7	30	-8.3	-6	-4.9	-8	-20.7	13

3.1.2 中国女排和俄罗斯女排强攻效果的对比和分析

从表3-2中可以看出俄罗斯女排强攻次数明显高于中国女排，两场比赛中，中俄女排强攻次数差分别为13、22，泉州站中国女排强攻的扣死率为47.5%，俄罗斯女排为45.3%，前者约高于后者2个百分点，这说明中国女排强攻有着一定的实力；扣过率中国女排为12.5%，俄罗斯女排为24.5%，后者高于前者12个百分点；扣失率中国女排为5.0%，俄罗斯女排为3.8%；被拦起率中国女排为12.5%，俄罗斯女排为11.3%；被拦回率中国女排为5.0%，俄罗斯女排为9.4%；被拦死率中国女排为17.5%，俄罗斯女排为5.7%。

表3-2 中国女排和俄罗斯女排强攻效果对比分析

比赛名称	国别	扣死次数	占比/%	扣过次数	占比/%	扣失次数	占比/%	被拦起次数	占比/%	被拦回次数	占比/%	被拦死次数	占比/%	总次数
2011年大奖赛泉州站	中国	19	47.5	5	12.5	2	5.0	5	12.5	2	5.0	7	17.5	40
	俄罗斯	24	45.3	13	24.5	2	3.8	6	11.3	5	9.4	3	5.7	53
	差值	-5	2.2	-8	-12.0	0	1.2	-1	1.2	-3	-4.4	4	11.8	-13

（续表）

比赛名称	国别	强攻												总次数
		扣死次数	占比/%	扣过次数	占比/%	扣失次数	占比/%	被拦起次数	占比/%	被拦回次数	占比/%	被拦死次数	占比/%	
2011年大奖赛决赛	中国	9	24.3	10	27.0	3	8.1	8	21.6	4	10.8	3	8.1	37
	俄罗斯	30	50.8	15	25.4	2	3.4	2	3.4	6	10.2	4	6.8	59
	差值	-21	-26.5	-5	1.6	1	4.7	6	18.2	-2	0.6	-1	1.3	-22
合计	中国	28	36.4	15	19.5	5	6.5	13	16.9	6	7.8	10	13.0	77
	俄罗斯	54	48.2	28	25.0	4	3.6	8	7.1	11	9.8	7	6.3	112
	差值	-26	-11.8	-13	-5.5	1	2.9	5	9.8	-5	-2.0	3	6.7	-35

3.1.3 中国女排和俄罗斯女排快攻效果的对比和分析

如表3-3所示，俄罗斯女排快攻使用次数为18次，远低于中国女排的72次，这说明中国女排在比赛中希望通过加快进攻速度，利用进攻节奏变化适当减弱俄罗斯强攻给中国女排带来的压力。从快攻的扣死率来看，俄罗斯两场比赛合计为66.7%，高于中国女排的58.3%，主要原因可能如下：第一，俄罗斯女排快攻使用的次数较少，即在一传适合的情况下，组织快攻。第二，俄罗斯的网上高度较高，组织快攻的高度较高、空间较大，给中国女排的拦网造成了较大的困难。第三，中国女排把防守的主要精力用于俄罗斯的强攻，造成对其快攻的重视程度不够。从被拦死率来看，中国女排为6.9%，俄罗斯为5.6%，前者高于后者1.3%，这可能与中国女排的快攻使用次数较多、击球高度有限有着一定的关联。从扣失率上分析，中国女排高于俄罗斯，这可能跟中国女排追求快攻的线路、变化等方面有关，同时也和俄罗斯女排高拦网给中国女排造成的压力有关。

表3-3 中国女排和俄罗斯女排快攻使用效果对比

比赛名称	国别	快攻												总次数
		扣死次数	占比/%	扣过次数	占比/%	扣失次数	占比/%	被拦起次数	占比/%	被拦回次数	占比/%	被拦死次数	占比/%	
2011年大奖赛泉州站	中国	21	61.8	4	11.8	3	8.8	2	5.9	1	2.9	3	8.8	34
	俄罗斯	6	85.7	0	0	1	14.3	0	0	0	0	0	0	7
	差值	15	-23.9	4	11.8	2	-5.5	2	5.9	1	2.9	3	8.8	27

(续表)

比赛名称	国别	快攻											
		扣死次数	占比/%	扣过次数	占比/%	扣失次数	占比/%	被拦起次数	占比/%	被拦回次数	占比/%	被拦死次数	占比/%	总次数
2011年大奖赛决赛	中国	21	55.3	4	10.5	3	7.9	6	15.8	2	5.3	2	5.3	38
	俄罗斯	6	54.5	0	0	0	0	2	18.2	2	18.2	1	9.1	11
	差值	15	0.8	4	10.5	3	7.9	4	-2.4	0	-12.9	1	-3.8	27
合计	中国	42	58.3	8	11.1	6	8.3	8	11.1	3	4.2	5	6.9	72
	俄罗斯	12	66.7	0	0	1	5.6	2	11.1	2	11.1	1	5.6	18
	差值	30	-8.4	8	11.1	5	2.7	6	0	1	-6.9	4	1.3	54

3.1.4 中国女排和俄罗斯女排后排攻效果的对比和分析

如表3-4所示，俄罗斯女排在后排攻方面，无论是使用次数，还是扣死率上都要优于中国女排。中国和俄罗斯两场比赛，俄罗斯的后排进攻次数为28次，中国为22次；俄罗斯的扣死率为57.1%，高于中国女排36.4%的扣死率近21个百分点。从扣失率、被拦回率、被拦死率方面，中国女排均高于俄罗斯女排，而扣过率、被拦起率方面，中国女排低于俄罗斯女排。因此，从后排攻方面的组成、效果等方面，中国女排全面落后于俄罗斯女排。

表3-4 中国女排和俄罗斯女排后排攻效果对比

比赛名称	国别	后排攻											
		扣死次数	占比/%	扣过次数	占比/%	扣失次数	占比/%	被拦起次数	占比/%	被拦回次数	占比/%	被拦死次数	占比/%	总次数
2011年大奖赛泉州站	中国	1	16.7	1	16.7	2	33.3	0	0	1	16.7	1	16.7	6
	俄罗斯	9	52.9	5	29.4	1	5.9	0	0	0	0	2	11.8	17
	差值	-8	-36.2	-4	-12.7	1	27.4	0	0	1	16.7	-1	4.9	-11
2011年大奖赛决赛	中国	7	43.8	4	25.0	2	12.5	0	0	1	6.3	2	12.5	16
	俄罗斯	7	63.6	2	18.2	0	0	2	18.2	0	0	0	0	11
	差值	0	-19.8	2	6.8	2	12.5	-2	-18.2	1	6.3	2	12.5	5
合计	中国	8	36.4	5	22.7	4	18.2	0	0	2	9.1	3	13.6	22
	俄罗斯	16	57.1	7	25.0	1	3.6	2	7.1	0	0	2	7.1	28
	差值	-8	-20.7	-2	-2.3	3	14.6	-2	-7.1	2	9.1	1	6.5	-6

3.2 中国女排和意大利女排扣球技术运用的对比和分析

在意大利，排球是最普及的体育项目之一，意大利排球联赛也是世界上开展最好的排球联赛之一。意大利女排是欧洲球队中的技术流派，攻守兼备、全面均衡是其主要特征。意大利女排的整体防守较好，一传到位率较高，处理关键球的能力也较强。尽管球队整体处于新老交替阶段，竞技实力呈现不稳定状态，但其队员多在职业俱乐部训练、比赛，实战经验较为丰富，同时由于意大利联赛汇集了不同国家的优秀球手，因而球员对不同战术体系、打法都有较多的感性认识，这无疑是意大利女排立足世界女排强队的关键因素。

3.2.1 中国女排和意大利女排进攻结构及效果的对比和分析

如表3-5所示，意大利女排在与中国女排的两场比赛中，统计扣球共计220次，其中强攻为134次，所占进攻比例为60.9%；快攻为63次，在进攻中占比例为28.6%；后排攻的次数为23次，在进攻中占比例为10.5%。中国女排对意大利的两场比赛中，统计扣球共计240次，多于意大利20次，其中强攻为101次，少于意大利33次，所占进攻比例为42.1%，比意大利少了19个百分点；中国女排快攻的次数为123次，多出意大利队60次，在进攻中占比例为51.3%，高出意大利22.6个百分点；中国女排后排攻的次数为16次，少于意大利7次，所占进攻的比例为6.7%，低于意大利3.8个百分点。

表3-5 意大利女排进攻打法结构及效果汇总表

比赛名称	国别	分数	强攻 次数	强攻 占比/%	强攻 得分次数	强攻 得分率/%	快攻 次数	快攻 占比/%	快攻 得分次数	快攻 得分率/%	后排攻 次数	后排攻 占比/%	后排攻 得分次数	后排攻 得分率/%	总扣球数
2010年大奖赛决赛（0:3）	中国	57	41	43.2	12	29.3	44	46.3	15	34.1	10	10.5	3	30.0	95
	意大利	75	60	67.4	25	41.7	20	22.5	10	50.0	9	10.1	4	44.4	89
	差值		-18	-19	-24.3	-13	-12.4	24	23.8	5	-15.9	1	0.4	-1	-14.4	6

(续表)

比赛名称	国别	分数	强攻 次数	强攻 占比/%	强攻 得分次数	强攻 得分率/%	快攻 次数	快攻 占比/%	快攻 得分次数	快攻 得分率/%	后排攻 次数	后排攻 占比/%	后排攻 得分次数	后排攻 得分率/%	总扣球数
2011年世界杯(2:3)	中国	103	60	41.4	25	41.7	79	54.5	41	51.9	6	4.1	3	50.0	145
	意大利	108	74	56.5	35	47.3	43	32.8	21	48.8	14	10.7	9	64.3	131
	差值	-5	-14	-15.1	-10	-5.6	36	21.7	20	3.1	-8	-6.5	-6	-14.3	14
合计	中国	160	101	42.1	37	36.6	123	51.3	56	45.5	16	6.7	6	37.5	240
	意大利	183	134	60.9	60	44.8	63	28.6	31	49.2	23	10.5	13	56.5	220
	差值	-23	-33	-18.8	-23	-8.1	60	22.6	25	-3.7	-7	-3.8	-7	-19.0	20

从得分率进行分析，意大利女排的强攻得分率为44.8%，高于中国女排36.6%的得分率8个百分点；意大利女排的快攻得分率为49.2%，也高于中国女排45.5%的快攻得分率近4个百分点；意大利女排的后排攻得分率为56.5%，高于中国女排37.5%的后排攻得分率近20个百分点。因此，从进攻得分率上分析，意大利女排在强攻、快攻和后排攻上的效率都好于中国女排，这也体现了意大利女排的全面性和均衡性。从进攻结构上分析，意大利女排的强攻、快攻、后排攻三种进攻打法的比例为60.9%：28.6%：10.5%，近似为6：3：1，中国女排的强攻、快攻、后排攻的比例为42.1%：51.3%：6.7%，近似为4：5：1。意大利女排强攻的使用比例、得分率高于中国女排。中国女排的快攻使用比例明显高于意大利，但得分效果不如意大利；在后排攻不如对手的情况下，一旦快攻的效率下降势必导致进攻受阻，难以获得比赛胜利。因而，在保证优势打法的前提下，中国女排应提升进攻打法的多样性和均衡性。

3.2.2 中国女排和意大利女排强攻效果的对比和分析

如表3-6所示，意大利女排两场比赛强攻次数合计为134次，多于中国女排的101次强攻33次，强攻平均每场比赛多出中国女排15次左右。从扣死次数和扣死率分析，中国女排两场比赛强攻扣死次数为37次，扣死率为36.6%，意大利女排扣死次数为60次，扣死率为44.8%，前者扣死率低于后者近8个百分点，而在2010年大奖赛决赛的比赛中中国女排的强攻扣死率不足30%，低于意大利12个百分点，因而，提高中国女排强攻扣死率是提升中国女排进攻实力的关键环节。

表3-6 中国女排和意大利女排强攻效果汇总表

比赛名称	国别	强攻 扣死次数	占比/%	扣过次数	占比/%	扣失次数	占比/%	被拦起次数	占比/%	被拦回次数	占比/%	被拦死次数	占比/%	总次数
2010年大奖赛决赛	中国	12	29.3	1	2.4	4	9.7	16	39.0	3	7.3	5	12.1	41
	意大利	25	41.0	2	3.3	6	9.8	19	31.2	6	9.8	3	4.9	61
	差值	-13	-12.4	-1	-0.9	-2	-0.3	-3	7.3	-3	-2.7	2	7.1	-19
2011年世界杯	中国	25	41.7	4	6.7	5	8.3	13	21.7	8	13.3	5	8.3	60
	意大利	35	47.3	5	6.8	7	9.5	20	27.0	4	5.4	3	4.1	74
	差值	-10	-5.6	-1	-0.1	-2	-1.1	-7	-5.4	4	7.9	2	4.3	-14
合计	中国	37	36.6	5	5.0	9	8.9	29	28.7	11	10.9	10	9.9	101
	意大利	60	44.8	7	5.2	13	9.7	39	29.1	10	7.5	6	4.5	134
	差值	-23	-8.1	-2	-0.3	-4	-0.8	-10	-0.4	1	3.4	4	5.4	-33

在扣失次数、扣失率方面，中国女排分别为9次、8.9%，低于意大利女排的13次、9.7%，在减少扣球失误方面中国女排要好于意大利女排。在扣过次数、扣过率，被拦起次数、被拦起率方面中国女排均低于意大利女排。中国女排的强攻被拦回率为10.9%，高于意大利队7.5%的强攻被拦回率3个百分点；被拦死率为9.9%，高于意大利队5.4个百分点，这可能与意大利强攻好于中国有关系，同时也表明中国女排应在拦网方面进一步提升侵略性和成功性。

3.2.3 中国女排和意大利女排快攻效果的对比和分析

由表3-7可知，中国女排和意大利女排的两场比赛中，意大利女排的快攻扣球次数合计为123次，中国女排为63次，前者高出后者近一倍。从扣死次数和扣死率上分析，中国女排的扣死次数为57次，比意大利多出25次，但中国女排的扣死率为46.3%，低于意大利50.8%的扣死率近5个百分点。

表3-7 中国女排和意大利女排快攻效果汇总表

比赛名称	国别	扣死次数	占比/%	扣过次数	占比/%	扣失次数	占比/%	被拦起次数	占比/%	被拦回次数	占比/%	被拦死次数	占比/%	总次数
2010年大奖赛决赛	中国	16	36.4	1	2.3	4	9.1	17	38.6	4	9.1	2	4.5	44
	意大利	11	55.0	1	5.0	1	5.0	5	25.0	0	0.0	2	10.0	20
	差值	5	-18.6	0	-2.7	3	4.1	12	13.6	4	9.1	0	-5.5	24
2011年世界杯	中国	41	51.9	5	6.3	3	3.8	21	26.6	4	5.1	5	6.3	79
	意大利	21	48.8	1	2.3	3	7.0	10	23.3	3	7.0	5	11.6	43
	差值	20	3.1	4	4.0	0	-3.2	11	3.3	1	-1.9	0	-5.3	36
合计	中国	57	46.3	6	4.9	7	5.7	38	30.9	8	6.5	7	5.7	123
	意大利	32	50.8	2	3.2	4	6.3	15	23.8	3	4.8	7	11.1	63
	差值	25	-4.5	4	1.7	3	-0.7	23	7.1	5	1.7	0	-5.4	60

同时，在2010年的比赛中，中国女排的快攻扣死率仅为36.4%，低于意大利女排近20个百分点，显然偏低。以快攻为主要进攻打法的中国女排有如此低的扣死率，比赛结果可想而知，这也反映了2010年中国女排战绩不佳的原因所在。相反，在2011年的比赛中，中国女排的快攻扣死率提升至51.9%，表明中国女排进攻发挥了较为正常的水平，2011年世界杯比赛无疑是中国女排近期打的最好的比赛。从被拦死率、扣失率方面分析，中国女排均低于意大利女排；在扣过率、被拦起率和被拦回率方面，中国女排均高于意大利女排。

3.2.4 中国女排和意大利女排后排攻效果的对比和分析

中国女排和意大利女排的两场比赛中，中国女排后排攻次数累计为16次，意大利女排为25次，意大利女排比中国女排多出7次。从扣球的扣死次数、扣死率分析，中国女排的扣死次数为6次，少于意大利队7次，扣死率为37.5%，低于意大利女排近20个百分点。2011年世界杯比赛，中国女排的后排扣死率为50%，同场比赛的意大利女排为64.3%，两队都保持了较高的扣死率，这也是两队这场比赛胶着的一个缩影，最终扣死率稍高的意大利女排赢得了比赛的胜利。从扣失率、被拦回率上看，中国女排均低于意大利女排；从扣过次数、扣过率上分析，中国女排高于意大利女排；中国女排的被拦死率高于意大利女排14个百分点（表3-8）。

3 中外优秀女排运动员扣球技术运用效果的对比与分析

表3-8 中国女排和意大利女排后排攻效果汇总表

比赛名称	国别	扣死次数	占比/%	扣过次数	占比/%	扣失次数	占比/%	被拦起次数	占比/%	被拦回次数	占比/%	被拦死次数	占比/%	总次数
2010年大奖赛决赛	中国	3	30.0	0	0	1	10.0	4	40.0	0	0	2	20.0	10
	意大利	4	44.4	0	0	3	33.3	2	22.2	0	0	0	0	9
	差值	−1	−14.4	0	0	−2	−23.3	2	17.8	0	0	2	20.0	1
2011年世界杯	中国	3	50.0	1	16.7	1	16.7	0	0	0	0	1	16.7	6
	意大利	9	64.3	1	7.1	0	0	1	7.1	2	14.3	1	7.1	14
	差值	−6	−14.3	0	9.5	1	16.7	−1	−7.1	−2	−14.3	0	9.5	−8
合计	中国	6	37.5	1	6.3	2	12.5	4	25.0	0	0	3	18.8	16
	意大利	13	56.5	1	4.3	3	13.0	3	13.0	2	8.7	1	4.3	23
	差值	−7	−19.0	0	1.9	−1	−0.5	1	12.0	−2	−8.7	2	14.4	−7

3.3 中国女排和巴西女排扣球技术运用的对比和分析

2008年北京奥运会，巴西女排以全胜的成绩问鼎世界冠军，巴西女排强势夺冠后终于摘掉了"无冕之王"的帽子，同时也宣告了巴西女排王朝的到来。2012年伦敦奥运会，巴西女排虽然一路磕磕绊绊但依然卫冕成功。巴西女排的技战术特点是高快结合，中间高点施压牵制对手，两边拉开强攻，且技术全面，无明显漏洞。技战术风格与中国女排非常接近，几乎是中国女排的"升级版"。巴西女排的进攻出色，同时防守一流，各位置的人员都较为全面，几乎看不出主力和替补的区别。"两点换三点"战术是巴西女排打球人数多的一个很好体现，并且效果很好。

3.3.1 中国女排和巴西女排进攻结构及效果的对比和分析

中国女排和巴西女排的两场比赛中，中国女排统计总扣球次数为240次，强攻次数为145次，所占的比例为60.4%，得分率为32.4%，快攻次数为75次，所占进攻的比例为31.3%，得分率为30.7%，后排攻的次数为16次，所占进攻的比例为6.7%，得分率为25.0%；巴西女排统计总扣球次数为234次，强攻次数为138次，所占的比例为59.0%，得分率为42.0%，快攻次数为55次，所占比例为23.5%，得分率为56.4%，高于中国女排，后排攻次数为38次，所占比例为16.2%，得分率为39.5%。

从进攻的结构组合上分析，中国强攻、快攻和后排攻的比例为60.4%：31.3%：6.7%，可近似为6：3：1；巴西女排的三种进攻打法的比例为59%：23.5%：16.2%，近似为6：2：2。由此可见，中国和巴西两国的强攻使用比例差异不大，中国的快攻使用比例高于巴西的快攻使用比例，巴西的后排攻比例高于中国女排的后排攻比例。从进攻结构和比例方面分析，巴西女排比中国女排更为全面和均衡，这表明巴西女排在进攻的全面性方面更胜于中国女排。从进攻的得分率来分析，巴西女排强攻、快攻和后排攻的得分率都高于中国女排，这说明巴西女排的进攻效果优于中国女排（表3-9）。

表3-9 中国女排和巴西女排进攻打法比例及效果汇总表

比赛名称	国别	分数	强攻 次数	强攻 占比/%	强攻 得分次数	强攻 得分率/%	快攻 次数	快攻 占比/%	快攻 得分次数	快攻 得分率/%	后排攻 次数	后排攻 占比/%	后排攻 得分次数	后排攻 得分率/%	总扣球数
2010年大奖赛决赛（0：3）	中国	43	55	71.4	17	30.9	14	18.2	1	7.1	8	10.4	3	37.5	77
	巴西	75	48	65.8	24	50.0	14	19.2	10	71.4	11	15.1	6	54.5	73
	差值	-32	7	5.7	-7	-19.1	0	-1.0	-9	-64.3	-3	-4.7	-3	-17.0	4
2011年世界杯（2：3）	中国	110	90	55.2	30	33.3	61	37.4	22	36.1	8	4.9	1	12.5	163
	巴西	113	90	55.9	34	37.8	41	25.5	21	51.2	27	16.8	9	33.3	161
	差值	-3	0	-0.7	-4	-4.4	20	12.0	1	-15.2	-19	-11.9	-8	-20.8	2
合计	中国	153	145	60.4	47	32.4	75	31.3	23	30.7	16	6.7	4	25.0	240
	巴西	188	138	59.0	58	42.0	55	23.5	31	56.4	38	16.2	15	39.5	234
	差值	-35	7	1.4	-11	-9.6	20	7.7	-8	-25.7	-22	-9.6	-11	-14.5	6

3.3.2 中国女排和巴西女排强攻效果的对比和分析

从表3-10可知，巴西两场比赛，强攻次数统计合计为138次，中国女排强攻次数统计合计为145次，中国女排强攻次数多于巴西女排7次，从扣死率上分析，巴西为42.0%，高于中国32.4%的扣死率近10个百分点，而在2010年大奖赛决赛的比赛中，巴西女排的扣死率高达50%，中国女排的扣死率仅30%左右，因而，中国女排的强攻扣死率距离巴西有着较大的差异，中国女排应着力提升强攻扣死率。从扣失率来看，中国女排为7.6%，低于巴西10.1%的扣失率近3个百分点；从被拦死率上分析，中国女排为9.0%略低于巴西女排，因此从强攻的扣失率和被拦死率分析，中国女排强攻效果略好于巴西女排。

表3-10 中国女排和巴西女排强攻效果汇总表

比赛名称	国别	扣死次数	占比/%	扣过次数	占比/%	扣失次数	占比/%	被拦起次数	占比/%	被拦回次数	占比/%	被拦死次数	占比/%	总次数
2010年大奖赛决赛	中国	17	30.9	11	20.0	6	10.9	8	14.5	7	12.7	6	10.9	55
	巴西	24	50.0	10	20.8	5	10.4	2	4.1	3	6.2	4	8.3	48
	差值	-7	-19.1	1	-0.8	1	0.5	6	10.4	4	6.5	2	2.6	7
2011年世界杯	中国	30	33.3	31	34.4	5	5.6	6	6.7	11	12.2	7	7.8	90
	巴西	34	37.8	19	21.1	9	10.0	13	14.4	6	6.6	9	10.0	90
	差值	-4	-4.5	12	13.3	-4	-4.5	-7	-7.7	5	5.6	-2	-2.2	0
合计	中国	47	32.4	42	29.0	11	7.6	14	9.7	18	12.4	13	9.0	145
	巴西	58	42.0	29	21.0	14	10.1	15	10.9	9	6.5	13	9.4	138
	差值	-11	-9.6	13	8.0	-3	-2.6	-1	-1.2	9	5.9	0	-0.5	7

3.3.3 中国女排和巴西女排快攻效果的对比和分析

表3-11为中国和巴西女排快攻效果汇总表，从表中数据可知，中国女排两场比赛统计的快攻次数合计为75次，多于巴西女排快攻20次，体现了中国女排比巴西女排更依赖快攻。从快攻的扣死率来分析，中国女排的快攻扣死率为30.7%，显然有点偏低，巴西女排的快攻扣死率为56.4%，高出中国女排近26个百分点，这可能与巴西女排了解中国女排的打法，进而限制了中国女排快攻的发挥有关系，同时也表明中国女排的快攻实力还有着亟须提升的地方。从扣失率上看，中国女排的扣失率为4.0%，巴西女排的扣失率为7.3%，前者低于后者。在扣过率、被拦起率、被拦回率方面和被拦死率方面，中国女排均高于巴西女排。

表3-11 中国和巴西快攻效果汇总表

比赛名称	国别	扣死次数	占比/%	扣过次数	占比/%	扣失次数	占比/%	被拦起次数	占比/%	被拦回次数	占比/%	被拦死次数	占比/%	总次数
2010年大奖赛决赛	中国	1	7.1	5	35.7	0	0	4	28.6	2	14.3	2	14.3	14
	巴西	10	71.4	2	14.3	1	7.1	0	0	0	0	1	7.1	14
	差值	-9	-64.3	3	21.4	-1	-7.1	4	28.6	2	14.3	1	7.1	0
2011年世界杯	中国	22	36.1	20	32.8	3	4.9	7	11.5	5	8.2	4	6.6	61
	巴西	21	51.2	7	17.1	3	7.3	6	14.6	1	2.4	3	7.3	41
	差值	1	-15.2	13	15.7	0	-2.4	1	-3.2	4	5.8	1	-0.8	20
合计	中国	23	30.7	25	33.3	3	4.0	11	14.7	7	9.3	6	8.0	75
	巴西	31	56.4	9	16.4	4	7.3	6	10.9	1	1.8	4	7.3	55
	差值	-8	-25.7	16	17.0	-1	-3.3	5	3.8	6	7.5	2	0.7	20

3.3.4 中国女排和巴西女排后排攻效果的对比和分析

表3-12为中国女排和巴西女排后排攻效果汇总表，从表中可知，中国女排两场比赛的后排攻次数为16次，少于巴西女排22次，无论是从扣死次数、扣过次数、扣失次数、被拦起和被拦会次数，巴西女排都多于中国女排，在被拦死次数方面中国女排多于巴西女排。从扣死率上看，中国女排的后排攻的扣死率为25.0%，巴西女排为39.5%，前者低于后者近15个百分点；在扣过率和被拦起率方面，中国女排均高于巴西女排；在扣失率和被拦回率方面，中国女排低于巴西女排，在被拦死方面，中国女排为31.3%，巴西女排为7.9%，前者高于后者23个百分点，这反映出中国女后排攻多次被拦死，说明中国女排的后排攻效果不是很理想。

表3-12 中国和巴西后排攻效果汇总表

比赛名称	国别	扣死次数	占比/%	扣过次数	占比/%	扣失次数	占比/%	被拦起次数	占比/%	被拦回次数	占比/%	被拦死次数	占比/%	总次数
2010年大奖赛决赛	中国	3	37.5	3	37.5	0	0	1	12.5	0	0	1	12.5	8
	巴西	6	54.5	3	27.3	1	9.1	0	0	1	9.1	0	0	11
	差值	-3	-17.0	0	10.2	-1	-9.1	1	12.5	-1	-9.1	1	12.5	-3

(续表)

比赛名称	国别	后排攻												总次数
		扣死次数	占比/%	扣过次数	占比/%	扣失次数	占比/%	被拦起次数	占比/%	被拦回次数	占比/%	被拦死次数	占比/%	
2011年世界杯	中国	1	12.5	3	37.5	0	0	0	0	0	0	4	50.0	8
	巴西	9	33.3	11	40.7	1	3.7	2	7.4	1	3.7	3	11.1	27
	差值	−8	−20.8	−8	−3.2	−1	−3.7	−2	−7.4	−1	−3.7	1	38.9	−19
合计	中国	4	25.0	6	37.5	0	0	1	6.3	0	0	5	31.3	16
	巴西	15	39.5	14	36.8	2	5.3	2	5.3	2	5.3	3	7.9	38
	差值	−11	−14.5	−8	0.7	−2	−5.3	−1	1.0	−2	−5.3	2	23.4	−22

3.4 中国女排和美国女排扣球技术运用的对比和分析

美国是排球运动的发源地，也是最具有排球群众基础的国家之一，同时也是校园女子排球开展得最好的国家。美国的全国大学校际体育协会（NAIA）、全国初级学院体育协会（NJCAA）、全国大学体育协会（NCAA），3大高校体育组织共有男、女排校代表队各84支和1576支，运动员各1200余人和20000万余人[1]，由此可以看出其群众基础良好。尽管美国有着良好的排球基础，但美国女排的起步并不是很早。1974年美国女排开始组建国家队，聘请教练塞林格，并由此拉开了美国女排纵横世界女子排坛的序幕。随后，美国排球协会不断聘请外籍教练，如日本的吉田敏明夫妇、中国的郎平，加大对女排的扶持和投入，提升科技对训练、比赛的支持，使美国女排一跃成为世界强队。近年来，美国女排获得了骄人的成绩，2008年北京奥运会获得女排比赛亚军，2010年、2011年、2012年连续三年获世界女排大奖赛总决赛冠军；2011年女排世界杯亚军；2012年伦敦奥运会亚军。美国女排的技战术风格是速度力量型，有男子化趋势，具有高大化美洲球队的特点，球员身体素质一流，4号位和1号位强攻为主，同时融入了亚洲快攻打法，2号位进攻十分有特色，而且也是少有的能将1号位和2号位进攻结合起来，真正具有立体进攻的女排球队。在美国前男排教练休·麦卡琴接手美国女排后，把男排的立体进攻及一些新的战术思想植入美国女排的战术体系，因而目前美国

---

[1] 王萍丽.中美排球后备人才培养现状比较[J].体育学刊，2010，17（12）：78-81.

女排技战术打法较为先进。球员情绪波动较大、球队人员构成不稳定、配合磨练时间较短等一些因素，无疑是美国女排难以形成女子排坛霸主地位的制约因素。

3.4.1 中国女排和美国女排进攻结构及效果的对比和分析

从表3-13可以看出，中国女排和美国女排两场比赛，中国女排统计扣球240次，其中强攻109次，占进攻比例为45.4%；快攻次数为114次，占进攻比例为47.5%；后排攻为17次，占进攻比例为7.1%；强攻和快攻的比例基本相当，但均未超过50%。2011年大奖赛漯河站的比赛中，中国女排的强攻比例高于快攻的比例。在2011年世界杯的比赛中，中国女排的快攻比例高于强攻比例，而前场比赛中国以0∶3输掉比赛，后场比赛中国女排以2∶3输掉比赛。

表3-13 中国女排和美国女排进攻打法和效果汇总表

比赛名称	国别	分数	强攻 次数	占比/%	得分次数	得分率/%	快攻 次数	占比/%	得分次数	得分率/%	后排攻 次数	占比/%	得分次数	得分率/%	总扣球数
2011大奖赛漯河站（0∶3）	中国	53	43	48.3	18	41.9	40	44.9	14	35.0	6	6.7	1	16.7	89
	美国	75	50	64.1	33	66.0	20	25.6	5	25.0	8	10.3	6	75.0	78
	差值	−22	−7	−15.8	−15	−24.1	20	19.3	9	10.0	−2	−3.5	−5	−58.3	11
2011年世界杯（2∶3）	中国	110	66	43.7	34	51.5	74	49.0	39	52.7	11	7.3	3	27.3	151
	美国	108	61	45.2	42	68.9	49	36.3	18	36.7	25	18.5	13	52.0	135
	差值	2	5	−1.5	−8	−17.3	25	12.7	21	16.0	−14	−11.2	−10	−24.7	16
合计	中国	163	109	45.4	52	47.7	114	47.5	53	46.5	17	7.1	4	23.5	240
	美国	183	111	52.1	75	67.6	69	32.4	23	33.3	33	15.5	19	57.6	213
	差值	−20	−2	−6.7	−23	−19.9	45	15.1	30	13.2	−16	−8.4	−15	−34.0	27

美国女排两场比赛，统计扣球共计213次，其中强攻183次，所占比例为52.1%；快攻次数为69次，所占比例为32.4%；后排攻33次，所占比例为15.5%。从扣球运用比例上分析，美国女排强攻、快攻和后排攻的比例为

52.1%∶32.4%∶15.5%,近似为5∶3∶2,中国女排的进攻比例为45.4%∶47.5%∶7.1%,强攻和快攻相当,后排很少。从扣球得分率来看,美国女排无论是强攻、后排攻的得分率都高于中国女排近20个百分点,中国女排快攻得分率为46.5%,高于美国女排13.2个百分点。

3.4.2 中国女排和美国女排强攻效果的对比和分析

表3-14为中国女排和美国女排两场比赛强攻效果汇总表,从中可以看出,美国女排的强攻运用次数多于中国女排。从扣死率上分析,美国女排的强攻扣死率为68.5%,中国女排的强攻扣死率为47.7%,美国女排的强攻扣死率高出中国女排20多个百分点,这也说明在中国女排在强攻的得分率方面与美国女排有着较大差距。从扣过率、扣失率分析,美国女排均高于中国女排,这可能是美国女排击球点较高从而不容易被拦网的原因,另外美国女排队员情绪波动较大可能导致扣失率较高。从被拦起率、被拦回率、被拦死率分析,中国女排在几个方面都高于美国女排,这也可以说明中国女排在拦网方面不如美国女排,因而导致被拦起率、被拦回率、被拦死率较高。

表3-14 中国女排和美国女排强攻效果汇总表

比赛名称	国别	扣死次数	占比/%	扣过次数	占比/%	扣失次数	占比/%	被拦起次数	占比/%	被拦回次数	占比/%	被拦死次数	占比/%	总次数
2011年大奖赛漯河站	中国	18	41.9	7	16.3	1	2.3	8	18.6	6	14.0	3	7.0	43
	美国	33	66.0	12	24.0	1	2.0	1	2.0	2	4.0	1	2.0	50
	差值	-15	-24.1	-5	-7.7	0	0.3	7	16.6	4	10.0	2	5.0	-7
2011年世界杯	中国	34	51.5	12	18.2	1	1.5	4	6.1	9	13.6	6	9.1	66
	美国	43	70.5	8	13.1	4	6.6	4	6.6	0	0.0	2	3.3	61
	差值	-9	-19.0	4	5.1	-3	-5.0	0	-0.5	9	13.6	4	5.8	5
合计	中国	52	47.7	19	17.4	2	1.8	12	11.0	15	13.8	9	8.3	109
	美国	76	68.5	20	18.0	5	4.5	4	4.5	2	1.8	3	2.7	111
	差值	-24	-20.8	-1	-0.6	-3	-2.7	7	6.5	13	12.0	6	5.6	-2

3.4.3 中国女排和美国女排快攻效果的对比和分析

表3-15是中国女排和美国女排快攻效果对比分析表,从中可知,中国女排的快攻数量远远高于美国女排,快攻无疑是中国女排应对美国女排的比赛运用最多的进攻方式。从快攻的扣死次数、扣死率上分析,中美两场比赛,中国女排分别为53次、46.5%,高于美国女排25次的扣死次数、36.2%的扣死率。从被拦回率上分析,中国女排高于美国女排近3个百分点。从扣失率、被拦死率上分析,美国女排均高于中国女排,这也说明中国女排快攻的使用效率高于美国女排。从扣过率、被拦起率上分析,中国女排低于美国女排。

表3-15 中国女排和美国女排快攻效果汇总表

比赛名称	国别	扣死次数	占比/%	扣过次数	占比/%	扣失次数	占比/%	被拦起次数	占比/%	被拦回次数	占比/%	被拦死次数	占比/%	总次数
2011年大奖赛漯河站	中国	14	35.0	11	27.5	2	5.0	4	10.0	2	5.0	7	17.5	40
	美国	5	25.0	8	40.0	1	5.0	2	10.0	1	5.0	3	15.0	20
	差值	9	10.0	3	-12.5	1	0	2	0	1	0	4	2.5	20
2011年大奖赛漯河站	中国	39	52.7	21	28.4	4	5.4	2	2.7	6	8.1	2	2.7	74
	美国	20	40.8	15	30.6	5	10.2	4	8.2	2	4.1	3	6.1	49
	差值	19	11.9	6	-2.2	-1	-4.8	-2	-5.5	4	4.0	-1	-3.4	25
合计	中国	53	46.5	32	28.1	6	5.3	6	5.3	8	7.0	9	7.9	114
	美国	25	36.2	23	33.3	6	8.7	6	8.7	3	4.3	6	8.7	69
	差值	28	10.3	9	-5.3	0	-3.4	0	-3.4	5	2.7	3	-0.8	45

3.4.4 中国女排和美国女排后排攻效果的对比和分析

表3-16为中国女排和美国女排后排攻效果汇总表,从中可以看出,中美两场比赛,美国女排的快攻运用次数多于中国女排,扣死次数也多于中国女排,中国女排后排攻的扣死率为23.5%,美国女排后排攻的扣死率为57.6%,后者高于前者34个百分点。中国女排的被拦起率略低于美国女排,这可能和中国女

3 中外优秀女排运动员扣球技术运用效果的对比与分析

排后排攻运用次数较少有关。从扣过率看，中国女排为52.9%，高于美国女排30.3%的扣过率，这与中国女排扣过次数和整体后排攻次数有关，同时也可能和中国女排后排攻多用"过渡进攻"有关。扣失率方面，中国女排为17.6%，高于美国女排。

表3-16 中国女排和美国女排后排攻效果对比分析

比赛名称	国别	扣死次数	占比/%	扣过次数	占比/%	扣失次数	占比/%	被拦起次数	占比/%	被拦回次数	占比/%	被拦死次数	占比/%	总次数
2011年大奖赛漯河站	中国	1	16.7	2	33.3	2	33.3	1	16.7	0	0	0	0	6
	美国	6	75.0	1	12.5	0	0	1	12.5	0	0	0	0	8
	差值	-5	-58.3	1	20.8	2	33.3	0	4.2	0	0	0	0	-2
2011年世界杯	中国	3	27.3	7	63.6	1	9.1	0	0	0	0	0	0	11
	美国	13	52.0	9	36.0	2	8.0	1	4.0	0	0	0	0	25
	差值	-10	-24.7	-2	27.6	-1	1.1	-1	-4.0	0	0	0	0	-14
合计	中国	4	23.5	9	52.9	3	17.6	1	5.9	0	0	0	0	17
	美国	19	57.6	10	30.3	2	6.1	2	6.1	0	0	0	0	33
	差值	-15	-34.0	-1	22.6	1	11.6	-1	-0.2	0	0	0	0	-16

3.5 中国女排和塞尔维亚女排扣球技术运用的对比和分析

塞尔维亚女排是国际排坛新崛起的一支欧洲劲旅，塞尔维亚是南斯拉夫曾经的加盟共和国，塞尔维亚女排继承了东欧排球的传统。其技战术风格为高举高打，两边拉开进攻，中间3号为高点快攻；同时后排攻实力较强。队中的布拉格塞维奇、拉西奇等明星球员是其主要的进攻点，同时新星马拉古斯基具有很强的进攻实力，但球员的情绪波动较大，整体防守能力一般，小球串联技术较差。

3.5.1 中国女排和塞尔维亚女排进攻结构及效果的对比和分析

表3-17是中国女排和塞尔维亚女排进攻结构和效果汇总表，从表中我们可以看出，中塞两国的两场比赛，塞尔维亚女排统计扣球共计248次，略多于中

国女排。塞尔维亚女排的强攻次数为162次，所占进攻的比例为65.3%，高于中国女排7个百分点，强攻得分率为35.8%，高于中国女排9个百分点；快攻的次数为65次，所占进攻的比例为26.2%，低于中国女排近8个百分点，得分率为61.5%，高于中国女排近15个百分点；后排攻的次数为21次，所占进攻的比例为8.5%，略高于中国女排，得分率为33.3%，高于中国女排近2个百分点。由此可以看出，在扣球得分率方面，无论是强攻、快攻、后排攻，塞尔维亚女排都高于中国女排，甚至是在快攻方面，塞尔维亚女排高出中国女排近15个百分点，而在漯河站的女排大奖赛中，塞尔维亚女排的快攻得分率达到了70%，以快攻为主要进攻手段的中国女排得分率仅为30%左右，这也说明塞尔维亚的高快球给中国女排带来了不小的压力。

表3-17 中国女排和塞尔维亚女排进攻结构和效果汇总表

比赛名称	国别	分数	强攻 次数	占比/%	得分次数	得分率/%	快攻 次数	占比/%	得分次数	得分率/%	后排攻 次数	占比/%	得分次数	得分率/%	总扣球数
2011大奖赛漯河站（1:3）	中国	88	76	65.0	22	28.9	33	28.2	10	30.3	8	6.8	3	37.5	117
	塞尔维亚	101	96	75.6	38	39.6	23	18.1	17	73.9	8	6.3	3	37.5	127
	差值	-13	-20	-10.6	-16	-10.6	10	10.1	-7	-43.6	0	0.5	0	0	-10
2011年世界杯（3:1）	中国	96	66	52.0	16	24.2	50	39.4	29	58.0	11	8.7	3	27.3	127
	塞尔维亚	90	66	54.5	20	30.3	42	34.7	23	54.8	13	10.7	4	30.8	121
	差值	6	0	-2.6	-4	-6.1	8	4.7	6	3.2	-2	-2.1	-1	-3.5	6
合计	中国	184	142	58.2	38	26.8	83	34.0	39	47.0	19	7.8	6	31.6	244
	塞尔维亚	191	162	65.3	58	35.8	65	26.2	40	61.5	21	8.5	7	33.3	248
	差值	-7	-20	-7.1	-20	-9.0	18	7.8	-1	-14.6	-2	-0.7	-1	-1.8	-4

3.5.2 中国女排和塞尔维亚女排强攻效果的对比和分析

表3-18为中国女排和塞尔维亚女排强攻效果汇总表，中国和塞尔维亚的两场比赛，中国女排合计的强攻次数为142次，少于塞尔维亚队。从扣死率上看，中国女排为27.5%，塞尔维亚女排为35.8%，前者低于后者8个百分点左右；从扣过率上看，中国女排为37.3%，塞尔维亚为30.9%，前者高于后者近

7个百分点；从扣失率来看，中国女排为8.5%，塞尔维亚为9.3%，两者差别不大；被拦起率，中国女排高于塞尔维亚，被拦回率，中国女排低于塞尔维亚；在被拦死方面，塞尔维亚效果好于中国女排，其被拦死率为8.6%，低于中国女排。

表3-18 中国女排和塞尔维亚女排强攻效果汇总表

比赛名称	国别	扣死次数	占比/%	扣过次数	占比/%	扣失次数	占比/%	被拦起次数	占比/%	被拦回次数	占比/%	被拦死次数	占比/%	总次数
2011年大奖赛漯河站	中国	22	28.9	30	39.5	5	6.6	5	6.6	3	3.9	11	14.5	76
	塞尔维亚	38	39.6	34	35.4	8	8.3	5	5.2	7	7.3	4	4.2	96
	差值	-16	-10.6	-4	4.1	-3	-1.8	0	1.4	-4	-3.3	7	10.3	-20
2011年世界杯	中国	17	25.8	23	34.8	7	10.6	11	16.7	4	6.1	4	6.1	66
	塞尔维亚	20	30.3	16	24.2	7	10.6	6	9.1	7	10.6	10	15.2	66
	差值	-3	-4.5	7	10.6	0	0	5	7.6	-3	-4.5	-6	-9.1	0
合计	中国	39	27.5	53	37.3	12	8.5	16	11.3	7	4.9	15	10.6	142
	塞尔维亚	58	35.8	50	30.9	15	9.3	11	6.8	14	8.6	14	8.6	162
	差值	-19	-8.3	3	6.5	-3	-0.8	5	4.5	-7	-3.7	1	1.9	-20

3.5.3 中国女排和塞尔维亚女排快攻效果的对比和分析

表3-19为中国女排和塞尔维亚女排快攻效果汇总表，从中可以看出，中国和塞尔维亚女排的两场比赛中，中国女排的快攻次数多于对方17次，但中国女排的快攻扣死率为50%，而塞尔维亚女排的快攻扣死率为61.5%，前者低于后者近12个百分点。在被拦死方面，中国女排的被拦死率略高于塞尔维亚女排，面对塞尔维亚的高点拦网，中国女排的快攻应更重视空间、时间、位置和速度的利用，否则难以突破对方的拦网。在被拦起和被拦回方面，中国女排的被拦起率和被拦回率都高于塞尔维亚女排。

表3-19 中国女排和塞尔维亚女排快攻效果汇总表

比赛名称	国别	扣死次数	占比/%	扣过次数	占比/%	扣失次数	占比/%	被拦起次数	占比/%	被拦回次数	占比/%	被拦死次数	占比/%	总次数
2011年大奖赛漯河站	中国	11	33.3	14	42.4	0	0	1	3.0	3	9.1	3	9.1	33
	塞尔维亚	17	73.9	1	4.3	1	4.3	0	0	1	4.3	3	13.0	23
	差值	-6	-40.6	13	38.1	-1	-4.3	1	3.0	2	4.7	0	-4.0	10
2011年世界杯	中国	30	61.2	13	26.5	0	0	1	2.0	2	4.1	3	6.1	49
	塞尔维亚	23	54.8	13	31.0	2	4.8	1	2.4	2	4.8	1	2.4	42
	差值	7	6.5	0	-4.4	-2	-4.8	0	-0.3	0	-0.7	2	3.7	7
合计	中国	41	50.0	27	32.9	0	0	2	2.4	5	6.1	6	7.3	82
	塞尔维亚	40	61.5	14	21.5	3	4.6	1	1.5	3	4.6	4	6.2	65
	差值	1	-11.5	13	11.4	-3	-4.6	1	0.9	2	1.5	2	1.2	17

3.5.4 中国女排和塞尔维亚女排后排攻效果的对比和分析

从表3-20中国女排和赛尔维亚女排后排攻的效果对比中，可以看出，中国女排和赛尔维亚女排的两场比赛中，两队的后排攻次数都不是很多，在三种进攻打法中所占的比例都没有超过10%，这表明两队的后排攻运用上还有较大的上升空间。从扣死率上分析，中国女排的扣死率为31.6%，塞尔维亚为31.8%，两者相差不是很大；从扣过率这一指标分析，中国女排为36.9%，塞尔维亚为54.5%，前者低于后者近18个百分点；从被拦死这一指标分析，中国女排的被拦死率为10.5%，塞尔维亚为9.1%，前者高于后者。综合扣过率和被拦死率指标分析，塞尔维亚女排的后排扣球效果要好于中国女排。

表3-20 中国女排和塞尔维亚女排后排攻效果汇总表

比赛名称	国别	扣死次数	占比/%	扣过次数	占比/%	扣失次数	占比/%	被拦起次数	占比/%	被拦回次数	占比/%	被拦死次数	占比/%	总次数
2011年大奖赛漯河站	中国	3	37.5	3	37.5	2	25.0	0	0	0	0	0	0	8
	塞尔维亚	3	37.5	5	62.5	0	0	0	0	0	0	0	0	8
	差值	0	0	-2	-25.0	2	25.0	0	0	0	0	0	0	0

3 中外优秀女排运动员扣球技术运用效果的对比与分析

（续表）

比赛名称	国别	后排攻											
		扣死次数	占比/%	扣过次数	占比/%	扣失次数	占比/%	被拦起次数	占比/%	被拦回次数	占比/%	被拦死次数	占比/%	总次数
2011年世界杯	中国	3	27.3	4	36.4	2	18.2	0	0	0	0	2	18.2	11
	塞尔维亚	4	28.6	7	50.0	1	7.1	0	0	0	0	2	14.3	14
	差值	-1	-1.3	-3	-13.6	1	11.0	0	0	0	0	0	3.9	-3
合计	中国	6	31.6	7	36.8	4	21.1	0	0	0	0	2	10.5	19
	塞尔维亚	7	31.8	12	54.5	1	4.5	0	0	0	0	2	9.1	22
	差值	-1	-0.2	-5	-17.7	3	16.5	0	0	0	0	0	1.4	-3

3.6 中国女排和日本女排扣球技术运用的对比和分析

日本女排有着辉煌的历史成绩，其所发明和率先使用的勾手飘球、前臂垫球和"滚翻防守"等技术，促进和推动了现代女排的发展，其所坚持的"高快结合，积极防守"的战术打法形成了独特的风格。排球是日本的国球，日本女排对日本国民有很深的影响。进入21世纪以来，日本女排逐步走出低谷，尤其在真锅政义执教以来，在木村纱织等一批队员的奋力拼搏下，近些年日本女排获得了不俗的成绩。

日本女排技战术特点为"全面、快速、多变"，以3号位中间快攻为主，拉开两翼进攻，配合后排进攻，实施就地快速反击，注重防守，实现"低空高效能"。中国女排和日本女排相比，在身高上，前者具有明显的优势，进攻的高度和力量方面具有一定的优势，但在进攻打法方面缺乏多样性、变化性，小球和串联技术不如后者，后排防守差距较大。因而，目前中国女排与这支日本女排比赛成竞争胶着的状态。

3.6.1 中国女排和日本女排进攻结构及效果的对比和分析

表3-21是中国女排和日本女排进攻结构和效果对比分析结果，从表中可知，中日两场比赛，中国女排合计扣球共计309次，其中强攻次数163次，比例为71.4%，高出日本女排强攻使用比例63.4%，近8个百分点，同时这一比例也超出了中国女排一般比赛的强攻使用比例，这可能和中国女排希望以高制快来限制日本的战术思想有关，而且从强攻的得分率来看，中国女排高于日本女排

5个百分点,说明和平均身高不是很高的日本女排相比,中国女排的强攻有一定的优势。

表3-21 中国女排和日本女排进攻结构和效果汇总表

比赛名称	国别	分数	强攻 次数	强攻 占比/%	强攻 得分次数	强攻 得分率/%	快攻 次数	快攻 占比/%	快攻 得分次数	快攻 得分率/%	后排攻 次数	后排攻 占比/%	后排攻 得分次数	后排攻 得分率/%	总扣球数
2010年大奖赛决赛(3:1)	中国	102	82	77.9	34	41.5	45	34.4	26	57.8	4	3.1	1	25.0	131
	日本	91	96	61.1	33	34.4	30	20.1	18	60.0	23	15.4	11	47.8	149
	差值	11	-14	16.8	1	7.1	15	14.2	8	-2.2	-19	-12.4	-10	-22.8	-18
2011年世界杯(3:2)	中国	105	81	66.0	29	35.8	62	39.0	31	50.0	16	10.1	10	62.5	159
	日本	105	116	65.6	38	32.8	27	16.9	13	48.1	17	10.6	6	35.3	160
	差值	0	-35	0.4	-9	3.0	35	22.1	18	1.9	-1	-0.6	4	27.2	-1
合计	中国	207	163	71.4	63	38.7	107	36.9	57	53.3	20	6.9	11	55.0	290
	日本	196	212	63.4	71	33.5	57	18.4	31	54.4	40	12.9	17	42.5	309
	差值	11	-49	7.9	-8	5.2	50	18.4	26	-1.1	-20	-6.0	-6	12.5	-19

中国女排的快攻比例为36.9%,高于日本18.4%的快攻使用比例,中国女排的快攻得分率为53.3%,日本女排的快攻得分率为54.4%,后者略高于前者,说明日本女排在快攻的运用效果上要略好于中国女排。在后排攻的运用中,中国女排为6.9%,日本女排为12.9%,前者低于后者6个百分点,这也表明日本女排有意识加强了后排攻,以便能够突破对手的高拦网。中国女排的后排攻得分率为55.0%,日本女排的后排攻得分率为42.5%,中国女排的后排攻得分率高于日本女排的后排攻得分率,与日本女排的比赛,中国可以适当加强后排攻的运用。

3.6.2 中国女排和日本女排强攻效果的对比和分析

表3-22为中国女排和日本女排强攻效果对照表。由表可知,中日两场比赛中国女排强攻共计163次,少于日本女排的49次,中国女排的强攻扣死率为38.7%,日本女排的强攻扣死率为33.5%,中国女排高出日本女排5个百分

点；中国女排的扣过率为28.2%，低于日本女排34.4%的扣过率6个百分点；中国女排的扣失率为6.7%，略微低于日本的扣失率；被拦起率中国女排为9.8%，略高于日本女排，但两者相差不是很大，这可能和日本女排身高不占优势、拦网多采用拦起有关；中国女排的被拦回率为6.1%，低于日本的被拦回率；日本女排的被拦死率为6.6%，低于中国女排的被拦死率近4个百分点。

表3-22 中国女排和日本女排强攻效果汇总表

比赛名称	国别	扣死次数	占比/%	扣过次数	占比/%	扣失次数	占比/%	被拦起次数	占比/%	被拦回次数	占比/%	被拦死次数	占比/%	总次数
2010年大奖赛决赛	中国	34	41.5	24	29.3	6	7.3	7	8.5	6	7.3	5	6.1	82
	日本	33	34.4	33	34.4	10	10.4	5	5.2	8	8.3	7	7.3	96
	差值	1	7.1	−9	−5.1	−4	−3.1	2	3.3	−2	−1.0	−2	−1.2	−14
2011年世界杯	中国	29	35.8	22	27.2	5	6.2	9	11.1	4	4.9	12	14.8	81
	日本	38	32.8	40	34.5	10	8.6	14	12.1	7	6.0	7	6.0	116
	差值	−9	3.0	−18	−7.3	−5	−2.4	−5	−1.0	−3	−1.1	5	8.8	−35
合计	中国	63	38.7	46	28.2	11	6.7	16	9.8	10	6.1	17	10.4	163
	日本	71	33.5	73	34.4	20	9.4	19	9.0	15	7.1	14	6.6	212
	差值	−8	5.2	−27	−6.2	−9	−2.7	−3	0.9	−5	−0.9	3	3.8	−49

3.6.3 中国女排和日本女排快攻效果的对比和分析

由表3-23中国女排和日本女排快攻效果汇总可知，在中日的两场比赛中，中国女排快攻运用次数为107次，多于日本50次，中国女排的快攻扣死率为53.3%，略低于日本女排，但两者相差不大；中国女排的扣过率、被拦起率分别为27.1%、9.3%，两者均高于日本女排；中国女排和日本女排的扣失率均不高，前者略低于后者；中国女排的被拦死率为4.7%，低于日本女排8.8%的拦死率4个百分点。

表3-23 中国女排和日本女排快攻效果汇总表

比赛名称	国别	扣死次数	占比/%	扣过次数	占比/%	扣失次数	占比/%	被拦起次数	占比/%	被拦回次数	占比/%	被拦死次数	占比/%	总次数
2010年大奖赛决赛	中国	26	57.8	14	31.1	0	0	2	4.4	3	6.7	0	0	45
	日本	18	60.0	8	26.7	1	3.3	1	3.3	3	10.0	1	3.3	30
	差值	8	-2.2	6	4.4	-1	-3.3	1	1.1	0	-3.3	-1	-3.3	15
2011年世界杯	中国	31	50.0	15	24.2	1	1.6	8	12.9	2	3.2	5	8.1	62
	日本	13	48.1	6	22.2	0	0	1	3.7	3	11.1	4	14.8	27
	差值	18	1.9	9	2.0	1	1.6	7	9.2	-1	-7.9	1	-6.8	35
合计	中国	57	53.3	29	27.1	1	0.9	10	9.3	5	4.7	5	4.7	107
	日本	31	54.4	14	24.6	1	1.8	2	3.5	6	10.5	5	8.8	57
	差值	26	-1.1	15	2.5	0	-0.8	8	5.8	-1	-5.9	0	-4.1	50

3.6.4 中国女排和日本女排后排攻效果的对比和分析

由表3-24中国女排和日本女排后排攻的效果汇总表可知，中日两场比赛中，中国女排后排攻次数为20次，为日本女排后排攻次数的一半，在使用的次数和频率上中国女排和日本女排有着一定的差距。中国女排后排攻的扣死次数少于日本女排，但50%的扣死率高于日本女排近8个百分点；中国女排的扣过次数少于日本女排，但40.0%的扣过率高于日本女排32.5%的扣过率；中国女排的被拦死率高于日本女排。尽管日本女排的平均身高不及中国女排，但从后排攻运用上来看，日本女排的技战术打法更为全面、灵活，后排攻在日本女排整个进攻体系中所占的结构比例优于中国女排。中国女排若不能以高度、力量的绝对优势压制日本，在双方的比赛中，中国女排会毫无优势可言，而日本女排能够3：0横扫美国、巴西，也表明日本的技战术打法和其人员配备具有很好的适应性。

表3-24 中国女排和日本女排后排攻效果汇总表

比赛名称	国别	扣死次数	占比/%	扣过次数	占比/%	扣失次数	占比/%	被拦起次数	占比/%	被拦回次数	占比/%	被拦死次数	占比/%	总次数
2010年大奖赛决赛	中国	0	0	3	75.0	0	0	0	0	0	0	1	25.0	4
	日本	11	47.8	4	17.4	5	21.7	0	0	0	0	0	0	23
	差值	-11	-47.8	-1	57.6	-5	-21.7	0	0	0	0	1	25.0	-19
2011年世界杯	中国	10	62.5	5	31.3	0	0	0	0	1	6.3	0	0	16
	日本	6	35.3	9	52.9	2	11.8	0	0	0	0	0	0	17
	差值	4	27.2	-4	-21.7	-2	-11.8	0	0	1	6.3	0	0	-1
合计	中国	10	50.0	8	40.0	0	0	0	0	1	5.0	1	5.0	20
	日本	17	42.5	13	32.5	7	17.5	0	0	0	0	0	0	40
	差值	-7	7.5	-5	7.5	-7	-17.5	0	0	1	5.0	1	5.0	-20

3.7 小结

表3-25为世界各国女排强队进攻结构和得分率汇总表，从表中可知，中国女排后排攻运用比例最低，不足10%，快攻使用比例较高，为50%~60%，强攻使用比例最低，为40%~50%（除了和日本队的比赛强攻使用比例较高）。世界各国女排进攻打法运用强攻多于快攻多于后排攻，强攻依然是各国女排进攻的首选。分析原因，第一，随着世界各国女排提高破坏一传的发球质量的能力，快攻所依赖的一传体系难以得到有效保证，因而二传手会更多选择强攻；第二，女排比赛中，由于扣球力量、速度的限制，一攻效果不如男排，反攻比重增加，因而也更依赖强攻；第三，在一传到位的情况下，二传在有快攻掩护，2号位、4号位容易形成单人拦网，因而也会组织强攻，这也会增加强攻的比例；第四，各国女排强队的主攻手大都为队中的主要得分手，具有很强的进攻能力，是完成进攻的主要得分点，更容易获得二传的信赖；第五，快攻容易得分，但一旦被对手识破，也更容易失分，即快攻运用的风险较高，会容易被对手直接拦死；第六，后排攻的运用，由于传球需要一定的高度、远度，其所形成的时间、空间间隔容易让

对手获得较多的拦网准备时间。因而，中间施加压力，最大限度的限制对方副攻移动，进行两边拉开进攻，形成以多打少的优势，是各女排强队共有的进攻特质。

表3-25 世界各国女排强队三种进攻打法比例和得分率汇总表

国别	强攻 占比/%	强攻 得分率/%	快攻 占比/%	快攻 得分率/%	后排攻 占比/%	后排攻 得分率/%
中国	43.0	36.4	40.2	58.3	12.3	36.4
俄罗斯	68.3	48.2	11.0	66.7	17.1	57.1
中国	42.1	36.6	51.3	45.5	6.7	37.5
意大利	60.9	44.8	28.6	49.2	10.5	56.5
中国	60.4	32.4	31.3	30.7	6.7	25.0
巴西	59.0	42.0	23.5	56.4	16.2	39.5
中国	58.2	26.8	34.0	47.0	7.8	31.6
塞尔维亚	65.3	35.8	26.2	61.5	8.5	33.3
中国	71.4	38.7	36.9	53.3	6.9	55.0
日本	63.4	33.5	18.4	54.4	19.2	42.5
中国	45.4	47.7	47.5	46.5	7.1	23.5
美国	52.1	67.6	32.4	33.3	15.5	57.6

从扣球的得分率分析，世界各国女排强队三种进攻打法的得分率为快攻多于后排攻多于强攻。分析原因，第一，快攻和后排攻使用次数较少，在得分较少的情况下，也会有较高的得分率；第二，一般采用快攻的情况下，一传质量较好，二传有较充足的调配时间，传球质量会较好，同时对方多为一人拦网或无人拦网，因而快攻得分率较高；第三，后排的使用次数较少，而且大部分球队会在有前排掩护的情况下，有意识运用后排攻，以产生时间间隔，形成进攻的空间，因而后排攻的得分率会较高；第四，能够使用后排攻技术的球员，往往都具有超强的弹跳能力、良好的腰腹力量，扣球力量足，扣球线路清晰，球员有很强的得分能力，这也是后排攻得分率高的一个因素。

表3-26为相关比赛统计中外优秀女排强攻效果汇总表，从中我们可以看出，各女排强队的强攻使用比例都超过了50%，美国女排的强攻得分率最高为67.6%，中国女排的强攻得分率不足40%，排名第五。俄罗斯、巴西、意大利

等女排的强攻得分率接近50%。从整体上分析，中国女排与其他女排强队强攻使用比例基本相当，都超过了50%的使用率，但中国女排强攻的得分率低于美国等女排强队。

表3-26　中外优秀女排强攻效果状况表

国别	强攻使用比例 / %	强攻得分率 / %	得分率排名
美国	52.1	67.6	1
俄罗斯	68.3	48.2	2
意大利	60.9	44.8	3
巴西	59.0	42.0	4
中国	53.4	36.4	5
塞尔维亚	65.3	35.8	6
日本	63.4	33.5	7

因此，场地中间施加压力，最大限度地限制对方副攻移动，进行两边拉开进攻，形成强势突破，是各女排强队进攻所具有的普遍特质。同时，强攻是各国女排进攻的首选方式，各女排强队强攻的使用比例均已超过了50%，美国女排的强攻扣球成功率超过了60%，俄罗斯、巴西等女排强队的强攻扣球得分率接近50%，中国女排的强攻扣球成功率不足40%，中国女排强攻扣球得分率与国外其他强队相比有一定的差距，这种差距不仅体现在使用比例上，更体现在得分效率方面。通过比赛现场的观摩和技术统计等综合分析，本研究认为中国女排强攻效果不够理想，除了和自身球队技战术打法有一定的关联外，同时也与中国女排主攻运动员和接应运动员强攻扣球能力相对较差有关。

4 中外优秀女排主攻运动员强攻扣球技术的三维运动学分析和研究

从前面的相关研究我们可以看出，无论是亚洲球队、欧洲球队，还是美洲球队，强攻在其整个队伍的进攻结构中，都占有着超过50%的使用比例，尽管快攻是中国女排的特色进攻手段，但强攻依然是中国女排使用最多的进攻方式。由统计和分析可知，历次大赛欧美女排主攻运动员在扣球技术排名前十中占有较多，同时排名靠前欧美女排强队优秀主攻运动员的扣球成功率为50%左右。而中国主攻手王一梅、惠若琪的扣球成功率在40%左右，两者相差将近10个百分点。因而，有必要对中外优秀主攻运动员的扣球动作结构及差异进行分析和研究，以期构建中外优秀主攻运动员强攻扣球技术模型，找出中国女排主攻运动员存在的一些不足或缺陷。

4.1 中外优秀女排主攻运动员强攻扣球技术的动作选取和相关人员概况

主攻运动员是球队强攻的主要实施者，其在比赛中担负着重要的进攻任务。从区域上分析，4号位是强攻发生较多的区域，同时也是主攻手展示进攻实力的主要地方，因而，对4号位区域的强攻扣球动作应给予重点关注。当然，主攻手在2号位也有着强攻的机会和表现。从强攻起始环节的一传到位状况可分为一般强攻和调整强攻。为了研究方便，本文把调整攻单列为一项研究内容，而2号位、4号位的一般强攻采用强攻用法，不再区分。4号位的一般强攻扣球是指一传球到位或较到位，二传手能够组织战术攻，但传球到4号位，主要依靠主攻手的自我实力进行进攻，掩护较小或没有掩护。同时，主攻运动员多进行4号位强攻和调整攻，接应运动员多进行2号位强攻。为了研究的需要，按照运动员的场上位置分类进行分析，选取不同位置运动员的优势，即主要进攻区域的扣球技术动作为解析对象，本文下同，不再一一说明。效率为扣球得分减去扣球失分数然后除以总扣球数，2012年第30届伦敦奥运会国际排联扣球技术排名采用效率为排名依据；2011年世界排球比赛扣球技术排名采用扣球得分率排名。从表4-1可知，无论是以扣球得分率排名或是以扣球效率排名，我国女排运动员王一梅和惠若琪的名次均低于国外选手。表中"—"代表运动员没有参加比赛，或是扣球次数较少，扣球得分率或效率没有统计，下同。

表4-1 中外优秀女排主攻运动员强攻扣球动作选取相关人员概况

国别	姓名	身高/cm	体重/kg	扣球高度/cm	2011年世界杯 扣球次数	得分率/%	效率/%	排名	2012年奥运会 扣球次数	得分率/%	效率/%	排名（效率）
中国	惠若琪	189	70	312	348	39.94	27.30	11	236	35.59	19.07	20
日本	木村纱织	185	65	304	360	41.94	30.83	5	339	39.23	25.66	12
美国	洛根·汤姆	186	80	306	196	36.73	25.00	20	179	34.08	23.46	14
中国	王一梅	190	90	318	288	38.89	22.92	14	137	37.96	21.17	18
意大利	科斯塔格兰德	188	80	312	380	43.95	37.37	4	196	34.18	22.96	16
巴西	杰奎琳	186	70	302	—	—	—	—	189	42.33	32.28	6

4.2 中外优秀女排主攻运动员强攻扣球技术的三维运动学分析

扣球技术作为一个过程来分析，可以分解为准备姿势、助跑、起跳、空中击球、落地缓冲等几个环节，但从影响扣球效果上来讲，无疑是助跑、起跳、空中击球等环节最为关键，因而，把这三个技术环节作为重点分析的对象，以期找出中外优秀运动员各主要动作环节动作参数及差异原因。作为扣球动作的一个主要起始环节，助跑是为了能够获得良好的起跳位置和适宜的起跳速度及角度，当然也要根据来球的线路和状况。在选取动作的时候，基本选取的是在一传到位的情况下，二传均有相对较为充分的时间进行组织，因而可以认为4号位进攻面临较为相似的来球，而助跑的不同多源于攻手对球的时空判断、弹跳高度的利用状况、自我动作速率的认知和调动，以及对球被击出的预期、对赛场人员位置的把握和判断。

4.2.1 中外优秀女排主攻运动员强攻扣球助跑环节的分析

助跑的步法有一步、两步、三步或多步、原地垫步等。从比赛的录像观察和分析来看，运动员在比赛发球开始后，几乎没有处于静止的状态，但对运动员扣球前准备及最终接触球的过程进行观察，运动员在调整动作和助跑前有明显的停顿动作，因而这可以作为判断运动员开始助跑的起始点。从表4-2可以看出，中外优秀主攻运动员强攻采用两步助跑的步法较多，只有美国的洛根·汤姆采用三步助跑。两步助跑时，第一步要小，以便寻找和对正上步的方向，使静止的身体获得向前的速度；第二步要大，便于接近来球，同时身体后仰，便于制动[1]。从表4-2可以看出，运动员的助跑特质也符合这样的规律，助跑的第二步的步幅均大于第一步的步伐，助跑的步幅均有增大的趋势，从并步的距离分析，并步距离均小于最后一步，助跑结束为最后起跳准备，两脚距离较小，便于起跳。

表4-2　中外优秀主攻运动员强攻助跑阶段相关数据汇总

姓名	第一步 步幅/m	第一步 速度/m/s	第二步 步幅/m	第二步 速度/m/s	第三步 步幅/m	第三步 速度/m/s	并步 距离/m	助跑 速度/m/s	助跑 距离/m
惠若琪	0.847	1.606	1.019	2.653			0.797	3.678	2.12
洛根·汤姆	0.592	0.608	0.655	2.228	1.203	3.85	0.774	4.121	2.84
木村纱织	0.502	1.671	0.956	2.912			0.901	3.835	2.01
科斯塔格兰德	0.716	2.134	1.230	3.312			0.77	4.422	1.88
王一梅	0.680	1.947	1.167	2.800			0.857	3.198	2.08
杰奎琳	0.818	3.912	1.158	5.899			0.834	3.778	2.72
平均值($\bar{x}$)	0.693	1.980	1.031	3.301	—	—	0.822	3.839	2.28

助跑速度为助跑瞬间点重心的合成速度，每一步的速度为助跑步瞬间的重心合成速度。从研究的结果可以看出，无论采用两步助跑或是三步助跑，从第一步到最后一步速度都有增大的趋势，在并步瞬间重心速度较最后一步助跑重心速度依然有增大趋势。所研究对象助跑速度为3.2～4.4m/s，这可以说明高水平排球运动员，助跑速度大致位于这个区间。

并步距离为助跑结束后，左脚和右脚之间的距离。由研究的结果可知，中外优秀主攻运动员扣球助跑的并步距离为0.77～0.90m，0.8m的并步距离较为理想。通过分析各运动员并步距离和助跑速度对比，可知并步距离的大小

---

[1]虞重干.排球运动教程[M].北京：人民体育出版社，2009：86-87.

与助跑结束瞬间的重心速度即助跑速度有一定的关系。科斯塔格兰德的并步距离为0.77m，在所有运动员中最小，而其助跑速度为4.422m/s，在所有运动员中最大；由此可知，并步距离的增大有助于制动，而并步距离较小可以较大保留速度。助跑距离是指运动员助跑开始瞬间到运动员并步瞬间，其重心在水平面上的实际移动距离。从研究结果上分析，洛根·汤姆的助跑距离最长为2.84m，其他运动员的助跑距离均在2m左右，这与汤姆扣球采用的是三步助跑有很大关系。

因此，从研究结果分析，中外优秀主攻运动员强攻扣球助跑环节的模型为：两步斜线助跑，第一步助跑的步伐为0.50~0.99m，速度为0.6~2.6m/s；第二步助跑的距离为1m左右，速度为2.2~4.7m/s。助跑速度为3.2~4.4m/s；并步距离为0.77~0.90m，助跑距离为2m。

中国选手王一梅的助跑速度为3.198m/s，惠若琪的助跑速度为3.678m/s，后者的助跑速度稍微快于前者，但与其他选手相比明显较慢；斯科沃隆斯卡的助跑速度高达4.236m/s，科斯塔格兰德的助跑速度更快为4.422m/s，因而助跑速度慢，可能是导致中国选手王一梅扣球效果不够理想的原因之一。

4.2.2 中外优秀主攻运动员强攻扣球起跳环节的三维运动学分析

扣球技术动作起跳的目的是获得适宜的高度和速度，以便形成扣球击球适宜的角度、高度、速度及线路。依据起跳动作和其明显时间特征，可以把起跳的过程分为着地瞬间、最大缓冲瞬间、离地瞬间三个特征时相。但也有人将起跳动作分为缓冲和蹬伸两个阶段。有关缓冲和蹬伸阶段的划分，大致有以下两种分类。第一种是依据动力学的特点进行区分，如陈民盛[1]根据从测力台上获得的Fx-T曲线，以Fx=0时刻作为缓冲和蹬伸的临界点，认为Fx=0时刻是人体在踏跳过程中的竖直支撑时相，是由制动力向动力转化的临界点。第二种是采用运动学方法：1）以起跳腿膝角为标准，认为起跳腿膝关节是起跳过程中作用最大的关节，所以其最大弯曲时是缓冲和蹬伸的临界点；2）以起跳下肢三个主要关节角度都增大的时刻作为缓冲与蹬伸的临界点；3）以重心最低点时刻作为缓冲与蹬伸的临界点。而由于以运动学的角度利于研究观察，且在录像采集分析时较为方便，所以从运动学角度界定较为符合现实要求。从研究特征画面需要，大多数研究者以起跳腿膝关节的最大弯曲时为临界点。由于扣球起跳动作大部分采用的是双脚的依次起跳，左右两个

---

[1] 陈民盛.关于跳远踏跳动力效应的探讨[J].体育科学，1992，12（1）：75-78.

膝关节都有可能存在最大弯曲的时相，且不一定都具备良好的同时性和统一性，因而根据研究的需求，在界定最大缓冲瞬间，本研究采用右膝关节最大弯曲为作临界点（辅助重心最低点为参考）。从着地瞬间到最大缓冲瞬间作为缓冲阶段，从最大缓冲瞬间到离地瞬间为蹬伸阶段。从动作画面的选取，可以取"右脚着地瞬间""重心最低瞬间""左脚着地瞬间""右脚离地瞬间""左脚离地瞬间"具有明显特征的画面为动作划分的临界点。

表4-3为各相关运动员在起跳过程中，下肢踝关节、膝关节、髋关节在不同的相临界点时的角度，即运动员下肢三个主要关节在着地瞬间、最大缓冲瞬间、离地瞬间的角度值。从着地瞬间到最大缓冲瞬间，为起跳的缓冲阶段；从最大缓冲瞬间到离地瞬间为蹬伸阶段。从数据结果和动作画面，可以知道运动员的左右腿具有不统一性，且都具有起跳的特质，因而对左右相关关节及其角度变化，本文都进行了数据提取和研究，并进行分析，以期寻求共性和差异。由于所选定的运动员均为右手扣球，右脚均领先于左脚着地，左脚并步与右脚依次起跳，因而可先从右脚相关情况开始分析。运动员着地瞬间右踝的角度区间为84°～105°，平均值为94.5°；右膝关节的角度区间为125°～163°，平均值为142.3°；右髋关节的角度区间为75°～124°，平均值为111.4°；最大缓冲瞬间右踝的角度区间为61°～73°，平均值为72.4°；右膝关节的角度区间为101°～157°，平均值为118.9°；右髋关节的角度区间为61°～119°，平均值为118.4°；离地瞬间右踝的角度区间为96°～151°，平均值为121.9°，右膝关节的角度区间为138°～176°，平均值为153.8°；右髋关节的角度区间为154°～174°，平均值为160.9°。从运动员左腿，也即并跳腿分析，在着地瞬间运动员左踝的角度区间为96°～121°，平均值为107°；左膝关节的角度区间为126°～156°，平均值为140.6°；左髋关节的角度区间为106°～132°，平均值为120.2°；最大缓冲瞬间左踝关节的角度区间为94°～124°，平均值为103.8°；左膝关节的角度区间为125°～161°，平均值为142.4°；左髋关节的角度区间为123°～157°，平均值为145°；离地瞬间左踝关节的角度区间为104°～127°，平均值为117°，左膝关节的角度区间为156°～170°，平均值为164.8°；左髋关节的角度区间为152°～176°，平均值为168°。从分析可以看出，运动员右腿及相关关节角度的变化较为明显，这与运动员大多数是以右腿为支撑腿，其着地、制动、缓冲等动作较为明显有关，因而从其动作效果和影响因素上可以对运动员的右腿起跳及相关动作进行重点分析。

表4-3 中外优秀女排主攻运动员强攻扣球起跳过程各时相下肢各环节角度

姓名	着地瞬间/°					
	左踝角度	左膝角度	左髋角度	右踝角度	右膝角度	右髋角度
惠若琪	95.158	129.884	105.692	84.735	125.029	118.431
洛根·汤姆	119.458	156.220	124.764	90.592	132.793	75.418
木村纱织	120.785	151.754	123.414	98.437	136.748	123.673
科斯塔格兰德	101.623	147.303	132.032	104.990	163.685	111.276
王一梅	95.759	126.118	113.636	93.931	147.532	122.563
杰奎琳	122.110	173.083	129.410	119.360	143.760	105.020

姓名	最大缓冲瞬间/°					
	左踝角度	左膝角度	左髋角度	右踝角度	右膝角度	右髋角度
惠若琪	93.890	125.868	123.230	63.081	120.663	161.376
洛根·汤姆	123.578	160.660	148.055	66.973	112.400	61.464
木村纱织	96.025	124.504	145.566	61.217	101.506	120.468
科斯塔格兰德	97.122	148.137	145.795	97.794	157.124	113.220
王一梅	103.838	146.077	149.961	73.171	121.115	134.114
杰奎琳	132.730	164.920	161.410	61.719	101.860	133.964

姓名	离地瞬间/°					
	左踝角度	左膝角度	左髋角度	右踝角度	右膝角度	右髋角度
惠若琪	114.204	166.709	175.592	95.942	152.819	159.981
洛根·汤姆	104.637	155.920	151.856	129.849	175.869	174.762
木村纱织	127.730	167.449	166.185	150.573	151.229	156.908
科斯塔格兰德	116.099	169.684	166.402	111.146	146.566	153.557
王一梅	119.586	168.772	176.242	122.295	157.641	156.117
杰奎琳	136.237	171.570	170.270	128.250	152.632	175.206

表4-4为运动员起跳时，下肢各相关环节的缓冲角度与蹬伸角度变化表。缓冲角度为着地瞬间关节角度与最大缓冲瞬间关节角度之差。蹬伸角度为各环节离地瞬间与最大缓冲瞬间角度之差。由于运动员均采用右腿为先着地

腿，右腿各环节的相关变化较为明显，尤其是右膝关节的变化最具有明显特征，因而可以对右膝关节的相关变化进行重点分析。由表4-4可知相关运动员右膝关节的缓冲角度区间为4.4°～41.9°，平均值为22.479°；运动员右膝关节的蹬伸角度区间为10.6°～63.5°，平均值为40.533°；从缓冲与蹬伸的角度对比可以看出，缓冲角度均值要小于蹬伸角度的平均值，这表明运动员在起跳过程中在缓冲与蹬伸的效果要求方面更倾向于后者。右踝关节的缓冲角度平均值为28.0°，小于其蹬伸角度平均值52.350°，右髋关节缓冲角度平均值也小于蹬伸角度平均值，这充分说明运动员在起跳时应更注重蹬伸效果，对缓冲的要求不如对蹬伸要求得那么高。从分析左侧下肢各关节的缓冲和蹬伸状况可知，左膝关节、髋关节的缓冲角度为负值，这是因为在身体重心下降到最低点时，左腿并未达到最大缓冲，由于运动员采用左腿并步起

表4-4　中外优秀主攻运动员强攻起跳缓冲和蹬伸各关节角度变化

姓名	缓冲角度/°					
	左踝	左膝	左髋	右踝	右膝	右髋
惠若琪	1.268	4.016	−17.538	21.654	4.366	−42.945
洛根·汤姆	−4.120	−4.440	−23.291	23.619	20.393	13.954
木村纱织	24.760	27.250	−22.152	37.220	35.242	−3.205
科斯塔格兰德	4.501	−0.834	−13.763	7.196	6.561	−1.944
王一梅	−8.079	−19.959	−36.325	20.760	26.417	−11.551
杰奎琳	−10.620	8.165	−32.005	57.637	41.894	−28.950
平均值($\bar{x}$)	1.285	2.366	−24.179	28.014	22.479	−12.440

姓名	蹬伸角度/°					
	左踝	左膝	左髋	右踝	右膝	右髋
惠若琪	20.314	40.841	52.362	32.861	32.156	−1.395
洛根·汤姆	−18.941	−4.740	3.801	62.876	63.469	113.298
木村纱织	31.705	42.945	20.619	89.356	49.723	36.440
科斯塔格兰德	18.977	21.547	20.607	13.352	10.558	40.337
王一梅	15.748	22.695	26.281	49.124	36.526	22.003
杰奎琳	3.510	6.649	8.852	66.528	50.768	41.242
平均值($\bar{x}$)	11.886	21.656	22.087	52.350	40.533	41.988

跳，使得左腿缓冲较小，甚至没有缓冲，因此出现缓冲角度为负值的状况。而分析运动员左腿蹬伸，则没有出现负值的状况，这充分说明运动员对左腿的蹬伸效果的要求更为明显。

表4-5为中外优秀女排运动员起跳时相的两个阶段的时间对比。缓冲时间为从着地瞬间到最大缓冲瞬间的时间；蹬伸时间是指最大缓冲瞬间到离地瞬间的时间；两者合计即为起跳的时间。缓冲比、蹬伸比即为各阶段所用时间占整个起跳时间的百分比。从表中可知，运动员右脚起跳时间平均值为0.32s，其中缓冲时间平均值为0.15s，蹬伸时间平均值为0.17s，蹬伸时间要长于缓冲时间，在整个起跳中蹬伸的比例高于缓冲的比例，但两者的差别不是很大，差值为3个百分点，这与上述所分析的缓冲角度和蹬伸角度的对比结果相似。运动员左脚的缓冲时间平均值为0.07s，蹬伸时间平均值为0.12s，起跳时间平均值为0.19s，同样蹬伸时间要长于缓冲时间，蹬伸的比例远高于缓冲的比例。同时，从整个起跳时间看，左脚要明显小于右脚，这与左脚后于右脚并步起跳有关。

表4-5 中外优秀主攻强攻扣球起跳时相的缓冲和蹬伸时间汇总

姓名	左脚起跳					右脚起跳				
	缓冲时间/s	蹬伸时间/s	合计/s	缓冲比/%	蹬伸比/%	缓冲时间/s	蹬伸时间/s	合计/s	缓冲比/%	蹬伸比/%
惠若琪	0.06	0.12	0.18	33.33	66.67	0.22	0.10	0.32	68.75	31.25
洛根·汤姆	0.06	0.12	0.18	33.33	66.67	0.16	0.18	0.34	47.06	52.94
木村纱织	0.06	0.14	0.20	30.00	70.00	0.18	0.16	0.34	52.94	47.06
科斯塔格兰德	0.08	0.12	0.20	40.00	60.00	0.04	0.26	0.30	13.33	86.67
王一梅	0.10	0.14	0.24	41.67	58.33	0.14	0.18	0.32	43.75	56.25
杰奎琳	0.08	0.06	0.14	57.14	42.86	0.20	0.10	0.30	66.67	33.33
平均值($\bar{x}$)	0.07	0.12	0.19	39.25	60.76	0.15	0.17	0.32	48.75	51.25

由起跳的时间分析可知，王一梅的左脚起跳时间为0.24s，在所有研究的运动员中其起跳时间最长，由于起跳过程多为左脚并于右脚，左脚的起跳时间长可能会导致整个起跳节奏慢，容易被对方拦网看出线路。分析我国运动员惠若琪的起跳时间，可知其右脚缓冲时间为0.22s，蹬伸时间为0.1s，缓冲时间明

显比蹬伸时间要长了很多，这与其他选手有着一定的差异，缓冲时间长尽管有利于加大更多动能转化为势能，但同时也势必会影响整个起跳节奏，会给对方拦网造成更多的反应时间。因此，从起跳环节分析，我国运动员具有起跳时间较长，缓冲比大于蹬伸比的不足。

表4-6是运动员起跳高度、距离、速度和腾起角度的汇总。起跳高度是指运动员起跳离地瞬间重心高度与运动员最大重心高度之差异；起跳距离是指运动员起跳瞬间与落地瞬间身体重心的实际移动距离；起跳速度是指运动员起跳瞬间重心的合成速度。腾起角度是指运动员起跳瞬间其重心腾起方向和水平方向的夹角，可以反映出运动员起跳瞬间其在竖直方向和水平方向速度的分配，也可以表明在跳起高度与水平位移调配的概况。从研究结果可知，中外优秀女排运动员起跳高度区间为0.475～1.002m，平均值为0.720m；起跳距离区间为0.970～1.642m，平均值为1.38m；起跳速度区间为3.525～4.564m/s，平均值为3.990m/s；重心腾起角度区间为43.9°～67.0°，平均值为54.08°。我国运动员惠若琪的重心腾起角度较小，可能与其前冲动作有关，对竖直方向的腾起高度分量速度较小。

表4-6 中外优秀主攻运动员起跳高度、距离、速度和腾起角度汇总

姓名	起跳高度/m	起跳距离/m	起跳速度/m/s	腾起角度/°
惠若琪	0.820	0.970	4.133	43.9
洛根·汤姆	1.002	1.309	4.399	54.0
木村纱织	0.752	1.642	4.564	50.8
科斯塔格兰德	0.475	1.371	3.756	56.7
王一梅	0.485	1.372	3.557	67.0
杰奎琳	0.785	1.630	3.525	52.1
平均值($\bar{x}$)	0.720	1.382	3.989	54.1

从研究所得的数据分析可知，王一梅的起跳高度为0.485m，仅仅高于科斯塔格兰德的0.01m，低于其他任何的选手。起跳高度不足也就意味着在空中所能够利用的空间高度不够，难于进行空中的观察、选择机会，从而导致击球选择少，而仓促出球较多，因而起跳高度的不足可能是导致王一梅与其他攻手扣

球成功率差异的原因；同时，我们也发现王一梅扣球的腾起角度较大，这也说明其在水平方向的分速度较小，即向前位移的空间距离较小，这可能会影响到击球前冲性，这一点从王一梅3.557m/s的起跳速度上也可以得到证实。因而，空中腾起高度不高、起跳速度小，是王一梅扣球动作起跳环节的不足。分析惠若琪的起跳高度为0.82m，起跳高度较好，但仍然低于美国选手洛根·汤姆；起跳的距离为0.97m，惠若琪的起跳速度也不大。从起跳环节分析，中国女排主攻运动员存在起跳高度不够、起跳距离较短、起跳速度较小的不足。

由此可知，中外优秀主攻运动员强攻起跳环节的模型为：起跳时间为0.32s；起跳高度为0.48~1.00m，平均值为0.72m；起跳距离为0.97~1.64m，平均值为1.38m；起跳速度为3.76~4.56m/s，平均值为3.99m/s；重心腾起角度区间为43.9°~67°，平均值为54.1°。

4.2.3 中外优秀主攻运动员强攻扣球击球环节的三维运动学分析

空中击球环节是扣球技术动作完成的关键环节，也是决定扣球效果的重要技术部分。击球的高度、速度、力量、线路的选择、动作的变化等最终能够影响甚至决定扣球的成败。作为中外优秀主攻运动员，在来球、比赛等外部条件的变化时，会进行必要的调整和适应，但长期的训练、比赛也必然会使得她们具有一定的思维、动作习惯，进而使其能够保持较为恒定的竞技水平，反映在技术动作上也注定要表现出较为固定的数学参数。

击球高度是指扣球击球瞬间球的实际高度；击球时重心高度是指击球瞬间运动员重心的实际高度；最大重心高度是指运动员腾起空中重心达到最大实际高度；重心速度是指击球瞬间运动员重心的合成速度。

从表4-7可知，中外优秀女排主攻运动员强攻扣球的击球高度区间为2.84~3.06m，平均值为2.92m；击球时重心高度区间为1.298~1.747m，平均值为1.630m；最大重心高度区间为1.319~1.747m，平均值为1.640m；重心速度区间为2.593~4.743m/s，平均值为3.330m/s。从击球时的重心高度与最大重心高度的对比，我们可以发现在实际的比赛中，运动员达到重心最大高度时击球不是很普遍。研究的运动员中，洛根·汤姆击球时重心高度与其最大重心高度一致，其他运动员均存在差异，即表明她们在重心达到最大高度时，并未出现击球。

表4-7 中外优秀女排主攻运动员强攻扣球空中击球环节相关参数汇总

姓名	击球高度/m	击球时重心高度/m	最大重心高度/m	重心速度/(m/s)
惠若琪	2.85	1.718	1.733	2.853
洛根·汤姆	3.06	1.747	1.747	4.743
木村纱织	2.84	1.718	1.721	3.562
科斯塔格兰德	2.96	1.298	1.319	3.198
王一梅	2.93	1.611	1.640	2.593
杰奎琳	2.86	1.665	1.666	3.046
平均值（$\bar{x}$）	2.92	1.630	1.640	3.330

从研究结果分析可知，中外优秀女排运动员空中击球时，身体重心与最高身体重心高度并未一致，大部分运动员最大重心高度出现在击球前。中国运动员惠若琪的击球高度最低，为2.85m，王一梅的击球高度为2.93m，稍高于惠若琪，但仍低于科斯塔格兰德、汤姆·洛根等欧美攻手。从击球时重心高度分析，洛根·汤姆、木村纱织等运动员都具有较高的重心高度，击球时重心高度的高低，一方面与运动员重心腾起高度有关，另一方面与运动员腾起重心高度的空中保持有关，同时对击球节奏的把握也相关。王一梅击球的重心高度不高，可能和其重心腾起高度不够有关，同时也与其空中重心滞留时间较短有关。因而，空中击球高度不够高是中国攻手与欧美攻手的差异之一，同时在重心腾起高度和空中滞留方面，中国攻手具有一定的差异；在击球时重心高度应以领先于最大重心高度，或者相吻合为宜，而不宜击球时重心高度低于最大重心高度，这可能与最大限度发挥人体背弓有利于发力有关。

表4-8是中外优秀主攻运动员击球瞬间各环节的速度、最大球速、手臂和躯干夹角汇总表。从研究结果可知，运动员扣球时肩关节、肘关节、指掌速度均呈现增大趋势。中外优秀女排主攻运动员强攻扣球（右）肩关节的速度区间为2.602～4.905m/s，平均值为3.770m/s；肘关节的速度区间为6.224～9.559m/s，平均值为7.57m/s；腕关节的速度区间为10.230～15.345m/s，平均值为11.880m/s；指掌速度区间为11.761～18.472m/s，平均值为14.270m/s。击球后的最大球速区间为14.533～34.138m/s，平均值为24.360m/s。扣球的击球点应在起跳最高点和手臂伸直到最高点的前上方，手臂与躯干的夹角约为164°。[1]从研究的结

---

[1] 黄汉升.球类运动——排球[M].北京：高等教育出版社，2005：85.

果看，手臂与躯干夹角的区间为133.019°~159.689°，平均值为150.400°，这与排球教材上的论述有所差异。

表4-8 中外优秀女排主攻强攻扣球击球瞬间相关环节参数汇总

姓名	击球瞬间各环节速度 / m/s				最大球速 / m/s	手臂和躯干夹角 /°
	（右）肩	肘	腕	指掌		
惠若琪	3.414	7.061	10.230	11.761	23.700	146.697
洛根·汤姆	4.905	9.559	15.345	18.472	28.849	156.769
木村纱织	4.379	7.552	13.009	16.388	20.515	159.689
科斯塔格兰德	3.663	7.649	11.756	13.721	14.533	133.019
王一梅	2.602	7.39	10.692	12.736	24.449	157.778
杰奎琳	3.641	6.224	10.259	12.525	34.138	148.458
平均值（$\bar{x}$）	3.770	7.570	11.880	14.270	24.360	150.400

4.3 中外优秀女排主攻运动员强攻扣球技术的个案分析和研究

4.3.1 惠若琪扣球技术的分析

惠若琪作为中国女排的绝对主力，拥有较为全面的技术。扣球、拦网、接发球技术都较为均衡。作为中国女排的进攻主力，也是主要接发球者，尽管在绝对力量方面与欧美主攻手有着一定的差距，但相对较好的步法移动、判断及时在一定程度上能够弥补其力量上的不足。惠若琪的扣球技术特点为：助跑较为迅速，起跳及时，空中具有一定的高度；击球速度快；擅长近网、小斜线击球；手腕等小肌肉群发力较好。存在的不足之处：击球的力量较小，中远网的击球能力较差；空中腾起后，腰腹力量的运用不够明显，起跳后空中位移的距离较小；在对方欧美高大拦网的时候，击球手法变化不够丰富，在打、吊结合方面运用得不够合理；使用平打、拐腕等变化性击球有着较大的提升空间。2012年第30届伦敦奥运会个人得分统计排名第九，其中扣球236次，得分84分，拦球42次，得分8分，发球105次，得分8分，共计得分100分；扣球环节，得分84次，失分39次，扣过113次，扣球236次，得分率为35.6%，扣球技术排名为第20名。

惠若琪在4号位附近，有副攻近体快球的掩护下，准备较为充分，接二传给出的较高弧度的近网球，选择时机，小斜线扣球，球落点为球场三米线内。从整个动作过程看，尽管助跑的速度不快，但起跳速度不慢，同时击球较为迅速、有力，线路选择合适，在俄罗斯3号高大拦网队员移动形成集体拦网时，快速甩腕，完成近网、小斜线击球，进而避开了对方的高拦网。利用自我弹跳速度快，来球时机把握准确的优势，在面对俄罗斯高大拦网时，加快击球的速度、节奏及变化，无疑是惠若琪提升扣球效率的有效途径。但惠若琪在手法、技巧变化，身体控制方面，应该学习木村纱织。

4.3.2 洛根·汤姆扣球技术的分析

洛根·汤姆，自2000年进入美国女排以来，以其甜美的外表，扎实的技术功底，闻名排坛，她从室内排球转战沙滩排球，而又转回室内排球成为4届奥运会美国女排主力成员，具有意大利、瑞士、西班牙、俄罗斯、日本、中国、土耳其多国联赛的经历，更是让世人望其项背。技术全面、娴熟，攻守平衡，良好的时空感，极强的适应能力，是汤姆的显著特点。2012年伦敦奥运会，汤姆扣球得分61分，拦网得分10分，发球得分4分，共计得分75分，在个人的得分榜上排名第20位；其中，扣球环节得分61次，失误19次，扣球总次数为179次，扣球得分率为34%，扣球技术排名第14位。

洛根·汤姆位置在4号位进攻线后，在二传手球未到手的情况已经起动；在二传手送出一般高球后，迅速跨步、并步，在距离球网2m左右的地方快速起跳，同时整个身体稍微右转，形成良好的背弓，小斜线扣球，动作有力，手掌包裹球极好，击球动作清脆有声，富有力度和角度。由于击球点远离球网，使得中国拦防队员难以招架。汤姆整个扣球动作连贯、流畅富有动感，同时高度较高，在利用高空滞留优势的同时附加手上动作变化。因此，汤姆良好的腰腹力量，以及空中身体的控制和调整值得中国女排队员学习，中国女排运动员应加强核心肌群的肌肉练习，而非一味强调下肢肌肉力量的练习。

4.3.3 木村纱织扣球技术的分析

木村纱织自2003年女排世界杯以后，备受世人关注。她技术全面，无明显技术漏洞的技术特点，使得她在排球场上主攻、副攻、自由人、接应各个位置都可以胜任，加上俊朗的外表，被世人称为"万能美女"。木村纱织在继承日本女排运动员防守技术好的同时，185cm的身高和亚洲球员的灵活、快速、多变，在其身上体现得淋漓尽致。2010年日本女排世锦赛，木村纱织扣球505次，得分208分，扣球得分率为41.19%；拦网得分13分，发球得分19分，总得分为240分，在个人得分技术排名中排名第2，其扣球得分甚至超过了俄罗斯加莫娃的188分，从而为日本女排取得世锦赛第三名的历史好成绩立下了汗马功劳；2011年日本女排世界杯比赛，木材纱织扣球得分151分，拦网得分18分，发球得分11分，总共得分180分，个人得分技术排名第4，在扣球环节，总扣球数为360次，其中扣球得分151次，扣球失误40次，扣球未得分169次，扣球成功率为41.94%，个人扣球技术排名第5，为日本女排取得第四名奠定基础；2012年伦敦奥运会，木村扣球共计339次，其中得分133次，失误46次，一般160次，扣球得分率为39.2%，扣球技术排名第12，高于中国惠若琪8个名次。

木村纱织在4号位三米线后，在球未到二传手中，已经开始移动，选择上步的方向和时机，在球到二传手后，迅速地跨出一大步，并上一小步，在距离中线2.5m的距离附近快速起跳，形成良好背弓的同时，身体具有很强的前冲性，伸臂快速有力击球，击球方向瞄准对方的拦网手，加上手上动作变化，造成打手出界。快速启动，迅速起跳，腹背有力，远网击球，线路清晰，变化丰富，细化落点，是木村纱织对付高大拦网的攻击手段。打手出界，可以利用超手高度打对方指尖，也可以利用平打；可以对拦网队员靠近标志杆的手制造出界；可以利用拦网人之间的缝隙，制造打手出界；利用拐腕对准靠近中场拦网手型。因此，制造打手出界无疑是技术型攻手必须掌握的攻击技术之一。

4.3.4 科斯塔格兰德扣球技术的分析

科斯塔格兰德作为一名阿根廷人，常年征战在意大利女排联赛，并成为意大利的一名归化球员。在2011年日本女排世界杯比赛中，她以MVP的个人荣誉，率领意大利女排蝉联世界杯冠军。作为一位阿根廷人，南美运动员所拥有的运动天赋在其身上体现得十分完美，既有高度，也有力量，同时弹跳也较好。科斯塔格兰德技术全面，是世界上最为出色的主攻之一，她进攻能力出色，擅长打手出界和后排攻，出色的滞空能力和对场面的观察力、良好的爆发力，使其扣球技术运用得炉火纯青，同时吊球和变线处理，也是她的拿手绝技。在2012年伦敦奥运会中，科斯塔格兰德扣球67分，拦网8分，发球1分，在个人得分榜上排名第19位；其中扣球进攻环节，得分67次，失误22次，一般107次，总次数为196次，扣球得分率为34.2%，排名BEST SPIKERS第16名。

科斯塔格兰德处在4号位进攻线后在本方球员接起一传后，开始后撤移动，选择上步时机，在本方队友接一传后就运用后撤步，准备启动。在二传传球后进行助跑，助跑速度不是很快，但助跑的步幅较大，动作结构明显，身体重心腾起高度不是很高，在击球的时候保持身体的起跳方向，突然运用转腕方法，击球力量减小，使球击中靠近标志杆拦网队员的外侧手，从而造成打手出界。在有一定腾起高度的情况下，保持大力扣杀动作技术特征的同时，突然减力，转腕变线，制造打手出界。击球节奏变化丰富，击球力量强弱交替，打吊结合，线路清晰，落点明确是科斯塔格兰德明显的技术风格。而清晰的头脑，开阔的视野，良好的腰腹力量和滞空能力，对场上球员位置的良好判断，对对方拦防部署即时的领悟和洞察能力，娴熟的击球手法，是其良好技术特征的必要保证。建议中国攻手应该学习科斯塔格兰德，增强球感，丰富击球动作变化，改善击球力量节奏变化，增强球场上的判断力和领悟力，提升阅读比赛的能力，从而提高进攻效率。

4.3.5 王一梅扣球技术的分析

长期以来，作为中国女排的主力主攻王一梅，以力量大、击球点高为主要技术特征。但同时，击球线路选择不够丰富，击球动作变化较少，制约其攻击水平进一步提升。在遭遇欧美高大拦网队员封堵时，其力量和高度的优势难以凸显；而在中国女排强调快速、多变的体系中，王一梅速度不够快的缺陷，无疑又会进一步放大，这是其扣球成功率难以大幅提高、扣球效率不够高的关键因素。2010年日本世锦赛比赛王一梅总共扣球353次，得分141次，扣球成功率为39.94%，扣球技术排名第21位。2011年日本女排世界杯比赛王一梅扣球288次，得分112次，扣球成功率为38.89%，扣球技术排名为第14。2012年伦敦奥运会王一梅扣球得分52次，失误23次，扣过62次，总共扣球137次，扣球得分率为37.9%，扣球技术排名第18名。

王一梅在三米线后助跑，在三米线附近距离球场中线距离2.5m左右的地方起跳，助跑速度不是很快，但起跳具有一定的高度，同时身体腾起后背弓明显，在起跳过程中左手臂上扬带动身体向上的动作显著，右手臂屈肘后仰动作显著，同时身体向右后方侧身扭转；实施中远网距离击球；击球时身体向左前下方扭转，击球有力；大斜线击球；身体下落位置距离中线约1.5m，身体在空中移动位移不明显。从动作结构上分析，王一梅已具有世界一流攻手的特质，如击球点较高、力量大、大角度线路，但击球线路变化不够丰富、击球手上动作变化较少、击球节奏变化不够明显、移动速度较慢等不足也制约其进一步提高。

4.3.6 杰奎琳扣球技术的分析

作为巴西女排主力主攻，杰奎琳身材高挑，长相俊美，技术全面。尽管杰奎琳的绝对进攻实力并非超强，但攻守平衡、技术全面的特点使其完全适应巴西女排的技战术需求。同时，击球线路选择清晰、移动速度快、空中位移明显、腰腹发力明显、击球迅猛等技术特点，加上其张扬的性格，富有比赛激情，使得她在世界女子排坛引人瞩目。2001年，杰奎琳第一次入选巴西女排国家队；2006年，获得了大奖赛总决赛冠军和世界锦标赛亚军；2007年，获得了世界杯的亚军；2008年、2012年两届奥运会冠军。2012年伦敦奥运会比赛共计扣球次数189次，得分80次，失误19次，一般90次，扣球成功率为42.3%，扣球技术排行榜第6名。

杰奎琳在助跑阶段前有后退步伐，以期获得更大的助跑速度，助跑步伐节奏变化明显，起跳阶段下肢蹬伸充分，起跳高度较为明显，上肢关节速度变化明显，在球到达空中最高速度时，手腕通过肩、肘关节的传递变化达到峰值，以期获得最大加速度。

杰奎琳在场地中间接对方发球，一传到位，启动助跑，在三米线附近起跳，起跳迅速，空中身体背弓极为明显，右臂屈肘后引充分，同时身体具有明显的前冲，击球完成后球员已经接中线。在重心达到最大高度时刻，手臂完全伸直，充分击球，同时含胸收腹，击球力量充足，线路清晰，避开了对方的斜线封堵，从对方拦网手和标志杆之间的空隙将球击球。由于击球力量极大，球在触及对方防守队员后迅速变线出界。杰奎琳的左右髋关节角度在0点前后变化较大，波峰与波谷较为明显，这时出现了由于其起跳与击球前后髋关节由于背弓的形成和完成所导致的变化。球速在0点，即被击中后，出现近似直线的上升，这也表明杰奎琳击球速度快、力量大。杰奎琳的击球高度接近2.9m，击球的最大球速超过了30m/s，这在女排运动员中较为罕见。

4.4 小结

中国女排的主攻运动员与国外女排主攻运动员强攻扣球技术存在一定的差异，在击球环节具有较大差异，其击球高度、最大球速，明显低于国外优秀主攻运动员。从运动员空中击球各环节速度的分析结果可知，运动员击球时各环节的速度是依次递增，从肩关节到肘关节速度递增更为明显，而手腕到指掌递增速度的程度不如前者，这可能是运动员强攻时较大程度地以肩关节为轴加速摆动，进而使"鞭子"末梢获得更大的速度。惠若琪的扣球最大速度为23.7m/s，小于王一梅的24.4m/s，但同时两者的击球最大速度都小于洛根·汤姆，更小于杰奎琳，这表明在击球力量方面，王一梅尽管有着较好的力量表现，但与欧美顶级攻手相比依然有着一定的差异。同时，从研究的结果和数据，我们发现科斯塔格兰德的扣球最大球速为14.5m/s，而其击球瞬间指掌的速度已经达到了13.7m/s，笔者分析这与其主动减缓击球节奏、主动减力、轻扣球相关。由视频和现场统计观察可知，科斯塔格兰德这名队员十分讲究力量轻重的变化，时而重扣，时而轻拍，而这种变化和时机的把握也是中国运动员应该学习的地方。

中国女排主攻运动员在强攻扣球技术运用和效果方面，与国外优秀主攻运动员存在近10个百分点的差异。从数据统计和分析可知，以2012年伦敦奥运会排球比赛为例，惠若琪的扣球得分率为35.6%，扣球技术效率榜排名为20名；王一梅的扣球得分率为37.9%，扣球技术效率榜排名第18；王一梅的扣球得分率略微高于惠若琪，但两人在扣球技术排名中均在10名以外，同时也没有中国攻手进入扣球技术排名的前十。排名扣球技术效率第一名美国胡克尔扣球成功率为46.9%，高于王一梅近10个百分点；同为亚洲选手，木村纱织的扣球成功率为39.2%，也高于王一梅近2个百分点；而另外一名亚洲攻手金软景的扣球成功率更是高达47.7%，接近50%的成功率，更是高于王一梅10个百分点。由此可见，中国攻手的扣球效率（得分数−失分数除以总扣球数）、扣球得分率与世界优秀主攻手有着一定的差距。

由研究结果分析可知，中外优秀主攻手强攻扣球技术具有以下特征：多为两步斜线助跑，助跑速度快，并步距离小；起跳速度快，起跳高度接近0.7m，起跳距离约为1m；空中击球高度约2.9m，击球的最大球速趋近30m/s，击球时手臂与躯干夹角为150°左右。我国主攻运动员王一梅助跑速度较慢，起跳高度有限，重心腾起空中滞空时间短；起跳时间较长，缓冲比例大于蹬伸比例；起跳速度较小，起跳重心腾起角较大；空中击球时，重心速度较小，重心高度较低。尽管王一梅的扣球力量在国内运动员中首屈一指，但与欧美运动员比较，力量的优势已没有那么明显，加之扣球技术动作缺乏空中变化，因而容易被对方防死。由于4号位强攻，二传手为了避免的对方形成集体拦网，往往会在降低传球高度的同时，适当加快传球的速度，这就要求运动员要加快上步的速度，在尽可能的高点击球，以便能够增强击球的可变性和力量性。王一梅的击球高度与欧美队员还存在一定的差距。惠若琪4号位强攻的助跑速度稍快于王一梅，但与国外选手还有一定的差异，尤其是与木村纱织相比，应进一步加强助跑的速度；惠若琪的起跳高度较好，但起跳的速度较小，不如木村纱织，起跳距离较小；从空中击球环节分析，惠若琪的击球点不是很高，击球时重心速度较小，与欧美球员的击球速度有着一定的差异。因此，惠若琪在保持自己良好起跳的同时，应进一步加快助跑的速度，提升脚步的灵活性，同时加强击球的力量与变化。

5 中外优秀女排接应运动员强攻扣球技术的三维运动学分析和研究

随着两边拉开和快攻战术的运用，2号位区域日益受到各国女排的重视，同时强力接应的运用和得分能力的提升，使得这一区域承担的进攻任务更为繁重。强力接应的运用已经成为世界女排强队进攻的主要标志，而接应队员也往往是由队中进攻能力较强的队员承担。中国女排对接应队员的使用有别与其他女排强队，但在当今世界女子排坛强力接应流行的背景下，中国女排也开始着手培养强力接应。因而，构建中外优秀接应运动员扣球技术模型，寻求我国接应运动员与其他强队优秀接应的差异和不同，从而为提升中国接应运动员的强攻扣球能力提出合理化建议和对策。

5.1 中外优秀女排接应运动员强攻扣球技术的动作选取及相关概况

表5-1为中外优秀女排接应运动员强攻扣球技术的动作选取及相关概况，该研究选取了2011年世界杯、2012年奥运会世界各女排强队的主力接应运动员，依据各官网网站获得了相关数据。

表5-1 中外优秀女排接应运动员强攻扣球技术的动作选取及相关概况

国别	姓名	身高/cm	体重/kg	扣球高度/cm	2011年世界杯 扣球次数	得分率/%	效率/%	排名	2012年奥运会 扣球次数	得分率/%	效率/%	排名
中国	杨婕	192	72	308	4	—	—	—				
波兰	斯科沃隆斯卡	190	70	315	0	—	—	—				
巴西	谢伊拉	185	64	302	338	38.17	23.67	15	296	40.88	28.38	11
俄罗斯	冈察洛娃	194	75	315	—	—	—	—	225	46.67	34.22	4
美国	胡克尔	193	73	320	319	49.53	42.01	1	290	46.90	37.93	1
塞尔维亚	布拉科切维奇	196	82	309	104	43.27	31.73	—				

5.2 中外优秀女排接应运动员强攻扣球技术的三维运动学分析

5.2.1 中外优秀女排接应运动员强攻扣球助跑环节的三维运动学分析

女排接应运动员强攻扣球较多发生在球场2号位区域，2号位扣球由于二传位置、右手扣球等原因，使得运动员在助跑环节与4号位区域有着一定的区别。如在4号位扣球时，运动员采用外绕、斜线助跑较多，且有很多运动员身体已经落在场地区域以外，即采用从场外助跑到场内的助跑线路较多；而在2号位扣球时，运动员多在球场内、采用直线助跑较多，从场外绕到场内进行斜线助跑的较少。同时，通过观摩比赛录像，笔者发现，右手运动员扣球助跑并步时，多数是以左脚并步右脚，即右脚领先于左脚着地，但也有极少数运动员是右脚并步左脚。

表5-2为中外优秀女排接应运动员助跑相关指标数据汇总，表中相关数据反映出各优秀运动员在助跑步数、并步距离、助跑速度、助跑距离等方面的数据情况。

表5-2 中外优秀女排接应运动员助跑相关指标数据汇总

姓名	第一步 步幅/m	第一步 速度/m/s	第二步 步幅/m	第二步 速度/m/s	并步距离/m	助跑速度/m/s	助跑距离/m
杨婕	1.269	1.476	—	—	1.027	4.944	1.880
斯科沃隆斯卡	0.996	2.668	1.101	4.688	0.84	4.236	2.140
谢伊拉	0.752	2.035	0.959	2.667	0.811	3.504	1.780
冈察洛娃	1.076	3.075	1.343	3.545	0.648	3.007	2.360
胡克尔	0.839	2.888	1.276	3.641	0.761	3.545	2.640
布拉科切维奇	0.661	1.908	1.358	3.185	1.054	5.748	2.380
平均值（$\bar{x}$）	0.932	2.342	1.207	3.545	0.857	4.164	2.197

从助跑的步数上分析，中外优秀接应运动员强攻扣球多采用两步助跑，较少采用一步助跑。其中，第一步步长区间为0.661～1.269m，平均值为0.93m；

第二步的步长区间为0.959~1.358m，平均值为1.207m；并步距离区间为0.648~1.054m，平均值为0.857m。并步的平均距离小于第一步、第二步的平均值；第二步的步长平均值大于第一步，这与教科书上助跑"一小二大"的论述相吻合。

速度方面本论文采用的是重心的瞬时速度。从速度上分析，中外优秀女排接应运动员第一步的速度区间为1.476~3.075m/s，平均速度为2.34m/s；第二步的速度区间为2.677~4.688m/s，平均速度为3.545m/s；助跑速度也即并步瞬间重心的合成速度，并步的速度区间为3.007~5.748m/s，平均速度为4.164m/s。从助跑的全程分析，助跑启动到并步开始瞬间，运动员的速度都有逐渐增大的趋势，但从并步的速度分析，在运动员的第二步助跑到并步瞬间，有速度减小的现象，这是因为在助跑结束阶段运动员开始降速，以便良好制动，从而为起跳做准备。

从助跑的环节进行分析，我国选手杨婕为一步助跑，其他选取的运动员均为两步助跑，这可能与杨婕距离进攻点较近有关，但这不利于其发挥前冲优势。助跑距离较短，运动员难以充分发力。从并步的距离分析，杨婕为1.027m，并步距离较大，虽然这有利于其进行制动，但也会影响起跳速度的保持。从对其他选取球员并步距离的分析和对比可以看出，中外优秀接应运动员强攻的助跑并步距离应以80cm为宜，这个距离既有利于制动，也有利于保持较好的起跳速度。我国选手杨婕应适当增大助跑的距离，减小最后并步的距离，加大身体前冲的速度和力量，提升助跑的便捷性和实用性，进而提高扣球进攻效果。

5.2.2 中外优秀女排接应运动员强攻扣球技术起跳环节的三维运动学分析

表5-3为中外优秀女排接应运动员起跳时三个特征画面时下肢各环节的角度。在着地瞬间左踝的角度区间为79.442°~119.87°，平均值为104.3°；左膝关节的角度区间为132.613°~162.498°，平均值为150.9°；左髋的角度区间为94.912°~140.16°，平均值为126.5°；右踝角的角度区间为88.242°~122.87°，平均值为105.7°；右膝角的角度区间为114.05°~150.41°，平均值为134.7°；右髋的角度区间为94.524°~141.85°，平均值为117.0°。在最大缓冲时刻左踝的角度区间为81.207°~121.16°，平均值为100.5°；左膝关节的角度区间为

137.0°~155.5°，平均值为146.9°；左髋的角度区间为116.7°~158.7°，平均值为146.0°；右踝角的角度区间为70.1°~102.6°，平均值为83.7°；右膝角的角度区间为97.9°~125.3°，平均值为114.2°；右髋的角度区间为119.7°~138.0°，平均值为129.0°。在离地瞬间左踝的角度区间为128.5°~157.3°，平均值为134.4°；左膝角的角度区间为160.0°~175.3°，平均值为167.3°；左髋的角度区间为157.6°~172.0°，平均值为161.9°；右踝角的角度区间为115.5°~150.5°，平均值为131.5°；右膝角的角度区间为130.1°~169.8°，平均值为150.6°；右髋的角度区间为155.1°~167.5°，平均值为162.4°。

表5-3 中外优秀女排接应运动员强攻扣球起跳时下肢各关节角度汇总

姓名	着地瞬间/°					
	左踝角	左膝角	左髋角	右踝角	右膝角	右髋角
杨婕	92.903	162.405	136.990	105.360	130.740	125.580
斯科沃隆斯卡	109.372	132.613	121.765	94.885	148.063	116.841
谢伊拉	107.070	133.428	94.921	88.242	114.050	94.524
冈察洛娃	79.442	159.388	140.160	122.870	135.090	109.400
胡克尔	115.270	149.343	132.180	120.610	150.410	115.550
布拉科切维奇	119.870	162.498	131.890	98.512	130.730	141.850
平均值($\bar{x}$)	103.988	149.946	126.318	105.080	134.847	117.291

姓名	最大缓冲/°					
	左踝角	左膝角	左髋角	右踝角	右膝角	右髋角
杨婕	81.207	147.570	145.710	77.005	97.903	133.409
斯科沃隆斯卡	108.532	149.063	157.479	72.072	100.650	119.726
谢伊拉	104.960	137.040	116.710	70.141	113.630	126.268
冈察洛娃	91.250	145.140	139.100	89.797	124.790	133.635
胡克尔	92.359	145.050	158.650	102.610	122.680	120.991
布拉科切维奇	121.160	155.530	157.800	91.900	125.300	137.971
平均值($\bar{x}$)	99.911	146.566	145.908	83.921	114.159	128.667

（续表）

姓名	离地瞬间/°					
	左踝角	左膝角	左髋角	右踝角	右膝角	右髋角
杨婕	142.694	175.330	160.550	115.520	130.056	163.108
斯科沃隆斯卡	117.059	159.987	171.923	121.845	138.447	164.111
谢伊拉	130.023	164.610	159.030	150.480	169.824	160.850
冈察洛娃	128.466	162.740	159.120	131.140	155.095	162.051
胡克尔	128.257	171.470	163.530	123.060	146.166	167.539
布拉科切维奇	157.283	168.200	157.620	146.040	161.752	155.061
平均值（$\bar{x}$）	133.964	167.056	161.962	131.348	150.223	162.120

表5-4为中外优秀女排接应运动员强攻扣球起跳环节下肢各环节缓冲和蹬伸角度汇总，各优秀运动员在扣球起跳环节的缓冲和蹬伸两个阶段，各踝关节、膝关节、髋关节角度变化数据汇总表。

表5-4 中外优秀女排接应运动员强攻扣球起跳下肢各环节缓冲和蹬伸角度汇总

姓名	缓冲角度/°					
	左踝角	左膝角	左髋角	右踝角	右膝角	右髋角
杨婕	11.696	14.837	−8.718	28.350	32.834	−7.825
斯科沃隆斯卡	0.840	−16.450	−35.714	22.813	47.413	−2.885
谢伊拉	2.105	−3.615	−21.786	18.101	0.418	−31.740
冈察洛娃	−11.810	14.247	1.060	33.075	10.305	−24.240
胡克尔	22.908	4.290	−26.467	18.001	27.736	−5.439
布拉科切维奇	−1.296	6.965	−25.905	6.612	5.422	3.874
平均值（$\bar{x}$）	4.074	3.379	−19.588	21.159	20.688	−11.376

(续表)

姓名	蹬伸角度/°					
	左踝角	左膝角	左髋角	右踝角	右膝角	右髋角
杨婕	61.487	27.764	14.834	38.519	32.153	29.699
斯科沃隆斯卡	8.527	10.924	14.444	49.773	37.797	44.385
谢伊拉	25.062	27.566	42.320	80.339	56.197	34.582
冈察洛娃	37.216	17.595	20.015	41.345	30.308	28.416
胡克尔	35.898	26.421	4.875	20.450	23.488	46.548
布拉科切维奇	36.119	12.671	−0.182	54.141	36.449	17.090
平均值（$\bar{x}$）	34.052	20.490	16.051	47.428	36.065	33.453

缓冲角度为着地瞬间各关节角度与最大缓冲瞬间相应各关节角度之差，蹬伸角度为离地瞬间各关节角度与最大缓冲时相应环节角度之差。从表5-4显示的数据可以看出，运动员的左踝角、左膝角缓冲的角度不一，有些运动员相关环节未出现缓冲或缓冲较小，从运动员的左髋的缓冲角度分析，出现负值的较多，这表明大多数运动员在身体重心从着地瞬间到最大缓冲的过程中，左髋的缓冲不大或未到最大缓冲点；而从蹬伸角度分析，从最大缓冲到离地瞬间运动员的左踝角、左膝角和左髋角都有明显的蹬伸角度，也即从最大缓冲到离地瞬间相应关节角度依次增大。分析运动员右踝角的缓冲角度的区间为6.6°~33.1°，平均值为21.159°；右膝角的缓冲角度区间为0.4°~47.4°，平均值为20.688°，由此可以看出中外优秀接应运动员的相应关节的缓冲角度不是很大，这也表明起跳过程运动员采用浅蹲式的起跳方式较多。分析运动员右膝的蹬伸角度，其角度区间为23.5°~56.2°，平均值为36.065°，从对比上看，运动员蹬伸角度要大于缓冲角度，这可能与运动员的弹跳能力好有关系，运动员不需要很大缓冲就能够较大程度起跳，同时也可能与运动员为了加快起跳节奏有关。

杨婕左膝关节的缓冲角度为14.8°，小于右膝关节的缓冲角的32.8°，以膝关节的缓冲进行评定，表明杨婕左腿的缓冲程度小于右腿的缓冲角度，这显然有利于其最后的起跳；但与国外选手的对比中，可以看出杨婕左膝关节的缓冲角度最大，缓冲阶段时间长，这可能与杨婕弹跳速率较差有关，因此杨婕应减小缓冲比例，加快起跳节奏，加强起跳效果。

表5-5是中外优秀女排接应运动员强攻扣球起跳时间及分配状况。从研究结果可以看出，由于运动员均采用一只脚并步另一只脚，双脚依次起跳的起跳方式，因而两只脚的起跳时间也不尽相同。运动员左脚的起跳时间区间为0.2~0.34s，平均时间为0.21s，右脚的起跳的时间区间为0.2~0.38s，平均值为0.31s。从整体上分析，除了冈察洛娃，其他运动员的右脚起跳时间都要长于左脚的起跳时间，这是由于冈察洛娃采用右脚并步左脚依次起跳的原因。缓冲比是指缓冲阶段的时间占整个起跳时间的比例，蹬伸比是指蹬伸阶段占整个起跳时间的比例。从研究的结果分析，左脚的缓冲比区间为22.22%~55.56%，均值为43.7%，蹬伸比区间为40.00%~77.78%，均值为56.3%，左脚的缓冲比小于其蹬伸比；右脚的缓冲比区间为30.77%~73.68%，均值为52.35%，蹬伸比区间为26.32%~69.23%，均值为47.65%，右脚的缓冲比略大于其蹬伸比，这与运动员大部分是右脚先着地缓冲，左脚并步缓冲相关联。从运动员个体角度分析，左脚和右脚的缓冲与蹬伸的比例不尽相同。分析杨婕右脚的缓冲比和蹬伸比，可以看出，缓冲阶段占起跳时间的比例近74%，而蹬伸占起跳时间的比例为26%，缓冲比例要远大于蹬伸比例；世界优秀女排运动员右脚缓冲和蹬伸的平均比例为53%、47%，杨婕的数据比例显然高于这一数据；而2012年伦敦奥运会扣球技术排名第一的胡克尔右脚的缓冲比例接近44%，蹬伸的比例为56%，缓冲比例多于蹬伸比例10多个百分点。这表明相关运动员在起跳过程中有意地减小缓冲时间，加大蹬伸比例，进而加快起跳的节奏，提升起跳效果，减少对方拦网和防守的准备时间。因此，杨婕应改善起跳时间分配比例，加快起跳节奏，提升起跳效果。

表5-5 中外优秀女排接应运动员强攻扣球起跳环节的时间及分配状况表

姓名	左脚 缓冲/s	左脚 蹬伸/s	左脚 合计/s	左脚 缓冲比/%	左脚 蹬伸比/%	右脚 缓冲/s	右脚 蹬伸/s	右脚 合计/s	右脚 缓冲比/%	右脚 蹬伸比/%
杨婕	0.08	0.10	0.18	44.44	55.56	0.28	0.1	0.38	73.68	26.32
斯科沃隆斯卡	0.12	0.08	0.20	60.00	40.00	0.18	0.16	0.34	52.94	47.06
谢伊拉	0.04	0.14	0.18	22.22	77.78	0.08	0.18	0.26	30.77	69.23
冈察洛娃	0.12	0.22	0.34	35.29	64.71	0.12	0.08	0.20	60.00	40.00
胡克尔	0.10	0.08	0.18	55.56	44.44	0.14	0.18	0.32	43.75	56.25
布拉科切维奇	0.08	0.10	0.18	44.44	55.56	0.18	0.16	0.34	52.94	47.06
平均值($\bar{x}$)	0.09	0.12	0.21	43.66	56.34	0.16	0.14	0.31	52.35	47.65

5 中外优秀女排接应运动员强攻扣球技术的三维运动学分析和研究

表5-6是中外优秀女排接应运动员强攻扣球起跳环节相关参数数据汇总。起跳高度是指运动员起跳瞬间重心高度与运动员最大重心腾起高度之差异;起跳距离是指运动员起跳瞬间到运动员落地瞬间重心的实际水平位移;起跳速度为运动员起跳瞬间重心的合成速度;腾起角是指运动员起跳瞬间重心方向和水平方向的夹角。中外优秀接应运动员强攻扣球起跳高度区间为0.61~0.93m,平均值为0.716m;起跳距离的区间为1.04~1.69m,平均值为1.38m;起跳速度为3.13~4.3m/s,平均值为3.868m/s;重心腾起角的区间为48.3°~78.1°,平均值为66.8°。

表5-6 中外优秀女排接应运动员强攻扣球起跳高度、距离、速度和腾起角汇总表

姓名	起跳高度 / m	起跳距离 / m	起跳速度 / m/s	腾起角 /°
杨婕	0.605	1.04	4.296	74.4
斯科沃隆斯卡	0.549	1.55	3.903	72.6
谢伊拉	0.722	1.69	4.162	62.3
冈察洛娃	0.885	1.17	4.074	65.2
胡克尔	0.925	1.35	3.643	78.1
布拉科切维奇	0.609	1.46	3.130	48.3
平均值($\bar{x}$)	0.716	1.38	3.868	66.8

分析杨婕的起跳高度为0.605m,在所有运动员中其起跳高度最低,而胡克尔的起跳高度为0.925m,高出前者超过0.3m;从起跳距离分析杨婕的起跳距离为1.04m,在所有选手中最短;杨婕的重心腾起角为74.4°,胡克尔的重心腾起角为78.1°,两者的相差不是很大,这表明在速度分配比例上,两者都注意向竖直高度方向倾斜,但从效果上分析,前者远不如后者。起跳高度不够,起跳距离有限,显著制约起跳效果,以致影响击球效果。因此,杨婕应加强助跑起跳能力的培养。

5.2.3 中外优秀女排接应运动员强攻扣球击球环节的三维运动学分析

表5-7为中外优秀女排接应运动员强攻扣球空中击球环节中,球的高度、运动员的重心高度、速度等指标参数汇总。击球高度是指运动员击球瞬间球离地面的垂直高度;击球时重心的高度是指击球瞬间重心离地面的垂直高度;重心速度是指击球瞬间重心的合成速度;最大重心高度是指运动员腾起

后身体重心所达到的最大垂直高度。从研究结果可知，中外优秀女排接应运动员击球高度区间为2.74~2.98m，平均值为2.871m；击球时重心的高度区间为1.63~1.80m，平均值为1.646m；重心速度区间为0.70~3.8m/s，平均值为2.598m/s；最大重心高度区间为1.30~1.80m，平均值为1.659m。从分析运动员击球时的重心高度与运动员起跳重心的最大高度可知，运动员击球时的重心高度均低于但也接近于其最大重心高度。同时结合比赛视频，我们可知运动员最大重心高度或出现在击球前，或出现在击球后，而击球时重心高度与最大重心高度一致的现象较为少见。

表5-7 中外优秀女排接应运动员强攻扣球空中击球环节相关参数汇总

姓名	击球高度 / m	击球时重心高度 / m	重心速度 / m/s	最大重心高度 / m
杨婕	2.742	1.696	0.695	1.729
斯科沃隆斯卡	2.850	1.285	3.827	1.294
谢伊拉	2.796	1.634	2.652	1.637
冈察洛娃	2.919	1.747	1.728	1.769
胡克尔	2.942	1.803	3.438	1.803
布拉科切维奇	2.977	1.713	3.247	1.722
平均值（$\bar{x}$）	2.871	1.646	2.598	1.659

从研究结果分析可知，杨婕2号位强攻的扣球击球高度为2.742m，在所有运动员中，击球高度最低，而冈察洛娃、胡克尔、布拉科切维奇等的击球高度都超过了2.9m以上，都高于杨婕0.2m，这说明杨婕与国外优秀接应运动员在扣球击球高度环节上存在较为明显的差异。从击球时重心高度和最大重心高度对比可知，胡克尔击球时重心高度和最大重心高度一样，其他人两者的高度相差不是很大，杨婕两者的差距为0.03m，这说明优秀女排接应运动员扣球击球过程中，对身体腾空及高度的运用和把握较好，能够把自我的生物能最大程度地转化为动能，就这一环节杨婕与国外运动员之间存在一定的差异。杨婕本身自我的重心腾起高度不够，空中高度的运用又不充分，这可能是导致扣球击球效果不是十分理想的关键原因。

表5-8为中外优秀女排接应运动员空中击球时相应环节的速度、最大球速

及手臂与躯干夹角数据汇总。从研究结果可知，中外优秀女排接应运动员击球时肩关节的速度区间为1.92～5.67m/s，平均值为3.883m/s；肘关节的速度区间为4.05～10.33m/s，平均值为6.979m/s；腕关节的速度区间为7.60～15.22m/s，平均值为11.120m/s；指掌关节的速度区间为9.80～18.46m/s，平均值为13.523m/s。最大击球速度区间为16.90～35.37m/s，平均值为26.253m/s。运动员扣球的最大球速大部分在2.5m/s以上，杨婕的最大球速较小。运动员手臂与躯干夹角的角度区间为132.57°～156.65°，平均值为144.123°。

表5-8 中外优秀女排接应运动员空中击球相关环节、球速等指标汇总

姓名	击球瞬间各环节速度 / m/s				最大球速 / m/s	手臂和躯干夹角 / °
	（右）肩	肘	腕	指掌		
杨婕	3.080	4.047	7.602	9.796	16.851	146.079
斯科沃隆斯卡	5.672	10.333	15.221	18.463	29.121	146.697
谢伊拉	3.824	6.265	10.799	13.591	24.107	141.993
冈察洛娃	1.922	5.504	9.259	10.385	35.374	132.574
胡克尔	4.117	7.260	10.567	12.380	25.194	140.740
布拉科切维奇	4.680	8.466	13.270	16.522	26.871	156.653
平均值（$\bar{x}$）	3.883	6.979	11.120	13.523	26.253	144.123

5.3 中外优秀女排接应运动员强攻扣球技术的个案分析和研究

5.3.1 杨婕扣球技术的分析

杨婕是2009—2010赛季中国女排联赛涌现的新星，作为上海女排的年轻主攻，除了进攻能力较好外，一传和防守的表现也不错。2010年3月25日入选王宝泉任主教练的新一届国家女排大名单，2011年、2012年分别入选国家队，并成为国家女排重点培养的强力接应运动员。比赛成绩主要有，获得2010年女排亚洲青年锦标赛冠军，2010年女排世锦赛第十名，2011年世界杯女排比赛第三名。作为中国女排着力培养的强力接应，应该对其技术动作进行研究和分析，以期能够寻找不足和差异，进而为中国女排培养强力接应提出合理化建议。

杨婕在三米线附近，对方处理过来球，一传到位，在有近体快掩护的状况下，二传手背传到2号位，对方单人拦网，在距离球网中线约2.5m处起跳。由于杨婕起跳高度不够，空中背弓不明显，击球力量较小，直线上步，扣球线路容易被对方识破，造成没有得分。起跳高度不够，击球力量较小，击球线路不够隐蔽，是杨婕2号位进攻实力一般的关键原因所在。在0点时刻击球时，杨婕的重心高度偏离最大重心高度波峰，即不是在重心最高处击球，同时在0时刻后可以看到，球高不是迅速降低，而是有小部分上升，这是因为杨婕在击球出手后遭到对方拦起，因而球的高度有上升趋势，没有迅速下降的轨迹。杨婕的左右髋关节在0时刻前后角度变化并不是很明显，波谷和波峰都不十分显著，这与其起跳空中背弓不很突出，在击球时身体的扭转或变向较小相关联。因而，杨婕应加强起跳效果，加大击球力量，进而提升进攻效果。

杨婕在助跑环节第一、第二步步幅差别较大，以期获得最后的高度、速度；起跳阶段下肢脚踝、膝关节、髋关节变化显著；在击球各环节，上肢肩、肘关节、腕关节速度依次递加明显，进而获得充分的鞭打效果。

5.3.2 斯科沃隆斯卡扣球技术的分析

作为副攻出身的斯科沃隆斯卡在改打接应后，逐渐在波兰女排确立了主力位置，成为波兰队的主要得分手。斯科沃隆斯卡无论在前排、后排都有很强的进攻能力，加之漂亮的外表，时尚的装扮，为其赢得了排坛"花蝴蝶"的美名。由于其进攻实力超强，前后排进攻均衡，能够体现当今女排接应运动员的特质，加之在中国女排联赛效力并取得了骄人的成绩，因而将其列入本文的研究范围。

斯科沃隆斯卡在本方队员接球后，人已经站在了场地外，眼睛注视球的运动，进入准备助跑状态，在球未到二传手位置时，身体已经开始移动。二传手出球后，迅速地直臂后引，幅度较大，同时跨出一大步，在场地外，距离球场中线约2.5m的地方并步起跳；起跳高度较高，身体背弓较好，手臂屈肘后引，击球时手臂完全伸直，小斜线击球，完全避开了对方的集体拦网。斯科沃隆斯卡整个击球动作过程流畅，起跳迅速，力量足，远网击球，斜线助跑，线路明确。球员重心高度变化和球高变化中，斯科沃隆斯在0时击球的瞬间重心高度属于波峰区间，这也表明其在重心上升的最大区间内击球；同时，笔者也发现在击球后，球的高度下落坡度很陡，这表明击球的速度、力量较大，从而造成高度下落快。

5.3.3 谢伊拉扣球技术的分析和研究

谢伊拉是巴西女排的进攻核心，她腰腹力量好，空中滞空能力强；能够拉高击球点，同时脚步灵活，动作反应速度快；扣球手法多样；对比赛及场上形势的变化和走向具有很强的洞察力，能够将扣球线路的变化与击球手法变化等融合在一起，因而进攻效果较好。获得的主要成绩有：2008年北京奥运会金牌；2010年世界女排大奖赛总决赛冠军；2011年世界杯女子排球赛第五名；2012年伦敦奥运会金牌。尽管在2008年奥运会后，谢伊拉的竞技状态有所下滑，但其竞技经验和阅历，依然使其保持在世界顶级攻手的行列。2012年伦敦奥运会排球比赛扣球296次，其中得分121次，失误37次，一般138次，扣球成功率为40.9%，最佳扣球排名第11位。

巴西女排球员谢伊拉在对方扣球后，先于本方队员防起球，后准备跳步，然后三米线附近场外助跑距离中线2m左右的地方起跳，整个起跳动作舒展，尽管起跳高度不是很高，但背弓较为明显，同时具有良好的前冲特征，斜线助跑、身体整个在击球前是朝着对方的斜线方向去，对方3号位队员进行协防，谢伊拉利用屈腕、手臂的变向，突然斜线扣球，球击中对方拦网队员靠近标志杆的手后变线出界。击球后谢伊拉几乎失去了平衡。尽管击球的力量不是很大，但击球效果非常明显，这充分体现了谢伊拉的经验，以及对防守的判断和对球的控制能力。同时，对比中国女排运动员，杨婕在对方单人拦网的情况下，击球被对方拦起，这也表明中国女排队员不只是在力量上具有一定的差距，在对球的控制、对防守判断和空间感觉、经验等方面也有着一定的不足。

5.3.4 冈察洛娃扣球技术的分析

冈察洛娃身高1.94m，身体条件出众，可以同时胜任主攻和接应两个位置，高点强攻势大力沉，在秉承俄罗斯女排技术特点的同时，冈察洛娃稳定的发挥，使其在俄罗斯女排中坐稳了主力的位置。但攻强守弱，一传技术一般，这也是冈察洛娃的一个薄弱环节。2012年伦敦奥运会比赛扣球共计225次，得分105次，失误28次，一般92次，扣球成功率为46.7%，最佳扣球技术排名第4位。

冈察洛娃在三米线后开始助跑起跳，在距球场中线约2.5m时开始起跳，起跳的并步过程中，冈察洛娃是右脚并步左脚，这与其他右脚球员有所不同；起跳迅速，斜线扣球；空中高度较高，在有良好背弓的同时，击球有明显含胸收腹动作，极大地加强了扣球的力量和速度，良好的空中高度和力量素质，使其扣球的最大球速超过30m/s，这实属罕见。冈察洛娃高度和身体力量素质的结合使用，值得中国女排运动员学习。

刚察洛娃在本次扣球中，采用了不同的并步动作，取得了较高起跳高度，进而获得较多的动能转化。从冈察洛娃扣球起跳下肢左右踝、膝、髋关节角度变化可以看出，该运动员起跳很充分，获得很充分的起跳速度；从上肢各环节速度变化可以看出，冈察洛娃从肩关节到腕关节速度传递显著，获得很明显的击球效果。

5.3.5 胡克尔扣球技术的分析

胡克尔身高1.93m，身体素质出众，她获得过两次美国大学生田径室内赛跳高冠军、三次室外冠军。超强的身体素质使她前排定点攻和后攻都极具威胁。胡克尔获得的主要成绩有：2010年世界女排大奖赛总决赛冠军；2011年世界女排大奖赛总决赛冠军；2011年女排世界杯亚军；2012年伦敦奥运会亚军。2012年伦敦奥运会比赛扣球共计290次，得分136次，失误26次，一般128次，扣球成功率为46.9%，最佳扣球技术排名第1位。

胡克尔在三米线后助跑、移动，在三米线附近距离球场中线约2.5m中远网距离处开始起跳。整个起跳动作轻松、迅速，腾起高度很好，同时空中身体姿势背弓较好，左手臂充分伸直上扬，右手臂屈肘后引，身体腾空后，具有一定的空中位移；收背弓后在身体重心腾起最高点，右手臂完全伸直，完成高点超手击球；击球线路为大斜线，落点位于场地边缘死角压线处。击球完成后，胡克尔已从起跳的三米线附近，落在场地中线附近，空中身体前冲位移明显。由于足够的身高，超强的弹跳素质使得胡克尔整个扣球动作显得流畅、轻松、击球点高、击球路线长，同时速度快、力量足。胡克尔击球瞬间，其身体重心高度也恰好位于波峰的峰巅，这也表明胡克尔对自我身体腾起高度的控制和运用非常合理和自如。显然，以中国女排运动员目前所具有的身体弹跳素质，难以达到这样的高度。

胡克尔的扣球技术特点为：助跑迅速，起跳高度较高；击球点高，击球点在2.9m以上，较多采用超手扣球；击球力量大，击球后的最大球速超过25m/s；击球线路为大角度变化，落点经常为球场端线附近及两个边线附近，难以防守；较少采用吊球，同时击球动作变化不多；能充分利用空中高度和滞空优势，实施高空、大力进攻。

5.3.6 布拉科切维奇扣球技术的分析

布拉科切维奇是塞尔维亚女排主攻、接应位置的主力球员，是当今世界排坛最优秀的接应球员之一，良好的视野、出众的身体素质，使其在2号位进攻和后排攻极具威力。布拉科切维奇作为世界排坛的新兴球队塞尔维亚的核心球员，取得的主要成绩有：2011年欧洲女排锦标赛冠军；2011年世界女排大奖赛总决赛季军；2011年女排世界杯第7名布拉科切维奇本人曾获得过最有价值球员。布拉科切维奇扣球技术特点为：助跑结构较稳定，助跑速度不是很快；起跳高度较高，空间击球高度超过2.9m；击球力量大，腰腹肌肉发力好；击球最大球速超过25m/s，接近30m/s；击球线路为大角度线路；击球动作变化不是很丰富，主要依靠力量、高度进行高空、中远网实施大力攻击。

布拉科切维奇从三米线后开始助跑起跳，起跳时其右脚踏在三米线上，助跑的速度不是很快，起跳时左手臂充分上扬带动身体腾起，右手臂屈肘充分后引，身体有较为明显的背弓，同时身体空中前冲位移明显，在高点击球时，身体具有显著地向左侧扭转的动作特征，形成斜线击球，同时击球点距离球网较远，形成中远网距离击球，突破对方的双人拦网。由于击球点高，力量大，线路选择正确，在躲开集体拦网的同时，使得后排防守卡位的队员也无计可施，球触及人体后变线出界。因而，拔高击球点，增强击球的力量，实施大角度线路调配，是如布拉科切维奇等高度力量型运动员的显著技术特征。中国女排攻手与这类攻手的差距是显而易见的，而且短时间内是难以学习和超越的。

5.4 小结

从研究结果分析可知，中外优秀女排接应运动员击球瞬间，从肩关节到指掌关节各环节的速度有逐渐增大的趋势。这也说明在2号位强攻过程中，运动员大都是以肩关节为转动轴，利用屈肘后引，而后带动整个手臂向前上方挥出，击球时手臂与躯干的夹角为144°左右，小于4号位强攻击球时手臂与躯干的夹角，这可能与4号位运动员进攻时具有较多前冲，为加快进攻节奏，手上存在平击球动作，而2号位进攻时运动员有意拔高了起跳高度，前冲较小，高点击球，手上下压动作较多相关联。从击球最大速度上分析，冈察洛夫最大击球速度超过30m/s，达到惊人的35.4m/s，而杨婕击球后的最大球速为

16.9m/s，由此可认为杨婕与国外优秀接应运动员扣球力量相差较大。

通过对中外优秀女排接应运动员强攻扣球动作过程的三维运动学分析和研究，笔者认为中外优秀女排接应运动员强攻扣球技术具有以下特征：两步助跑，第一步大，第二步小；并步间距约为0.8m；助跑速度有增大—最大—减小的趋势；起跳环节的缓冲比例小于蹬伸比例，起跳高度以0.72m为宜，起跳距离1.38m左右，重心腾起角67°左右；空中击球高度较高，平均2.9m左右，击球力量大，球速快，最大球速接近30m/s；击球时手臂与躯干的夹角为140°左右。从整个动作过程来看，中外优秀女排接应运动员强攻扣球具有助跑速度快、节奏明显、起跳高度高、击球高度高、力量大、速度快、前冲较小的特点。杨婕与国外优秀接应运动员相比的不足主要有：助跑并步距离大，起跳高度不够，空中可用高度不够，起跳动作缓慢，击球力量小，缺乏隐蔽性和突然性。

6 中外优秀女排主攻运动员调整攻扣球技术的三维运动学分析和研究

调整攻是指本方一传不到位或反攻无法组织战术攻,二传手或其他运动员只好把球推垫起给本方的主要攻手,利用攻手自身的进攻能力,进行强行突破的一种进攻手段。从组织者或进攻实施者的角度出发,准备的时间不是十分充足,同时进攻者面临的球况也较为复杂,因而更具有进攻的难度。因此,运动员如何根据球的方向、弧度、高度、线路和空间位置,调整自我的位置,助跑起跳的步法、速度、方向,处理好人球关系,并依据对方防守,最大限度地发挥自我的进攻优势,以取得良好的进攻效果,是优秀运动员区别于一般运动员的关键所在。

6.1 中外优秀女排主攻运动员调整攻扣球动作选取及相关概况

表6-1为调整攻技术动作解析所选取相关运动员的基本信息,从表中可以看出,相关运动员身高最高为193cm,最低为176cm,其他队员身高在185~189cm,由此有理由相信,身高不是扣球质量效果的唯一决定因素。从扣球高度上分析,所测试队员扣球高度都超过了300cm,同时可以看出我国选手惠若琪在扣球高度方面已经领先于其他选手,这表明惠若琪已经具有成为世界级优秀攻手的基本要素。扣球效率为扣球得分数减去失误数除以总的扣球次数,这也是衡量一个主攻手扣球效果的标准。但从表中可知,我国女排主攻手惠若琪,无论是扣球得分率,还是扣球效率均低于其他运动员。

表6-1 中外优秀女排主攻运动员调整攻扣球动作选取相关人员概况

姓名	国别	身高/cm	体重/kg	扣球高度/cm	2011年世界杯 扣球次数	得分率/%	效率/%	排名	2012年奥运会 扣球次数	得分率/%	效率/%	排名
杰奎琳	巴西	186	70	302	—	—	—	—	189	42.33	32.28	6
惠若琪	中国	189	70	312	348	39.94	27.30	11	236	35.59	19.07	20
木村纱织	日本	185	65	304	360	41.94	30.83	5	339	39.23	25.66	12

(续表)

姓名	国别	身高/cm	体重/kg	扣球高度/cm	2011年世界杯 扣球次数	得分率/%	效率/%	排名	2012年奥运会 扣球次数	得分率/%	效率/%	排名
江畑幸子	日本	176	70	305	365	40.82	33.15	7	211	41.71	30.81	8
马拉古斯基	塞尔维亚	193	75	305	16	—	—	—				
科斯塔格兰德	意大利	188	80	312	380	43.95	37.37	4	196	34.18	22.96	16

6.2 中外优秀女排主攻运动员调整攻扣球技术的三维运动学分析

6.2.1 中外优秀女排主攻运动员调整攻扣球助跑环节的三维运动学分析

表6-2为中外优秀女排主攻运动员调整攻扣球助跑环节相关指标数据汇总。从研究结果分析可知，中外优秀女排主攻运动员调整攻较多采用两步助跑，步幅有依次增大的趋势，速度也有逐渐增大的趋势。调整攻中运动员助跑第一步的步幅为0.68～1.27m，平均值为0.872m；速度为1.05～4.53m/s，平均值为2.559m/s；助跑的第二步步幅为0.88～1.34m，平均值为1.117m；速度为2.12～4.53m/s，平均值为3.114m/s；并步距离的区间为0.64～0.90m，平均值为0.790m，由此可见，0.8m的并步距离是中外优秀女排运动员调整攻起跳的基本特征之一。从助跑速度分析（本文对速度的定义是采用离地瞬间重心的即时合成速度），调整攻运动员的助跑速度区间为2.99～3.91m/s，平均值为3.511m/s；助跑距离区间为1.95～2.19m，平均值为2.07m。

表6-2 中外优秀女排主攻运动员调整攻扣球助跑环节相关指标数据汇总

姓名	第一步 步幅/m	第一步 速度/m/s	第二步 步幅/m	第二步 速度/m/s	并步距离/m	助跑速度/m/s	助跑距离/m
杰奎琳	0.684	2.177	1.129	3.825	0.904	3.905	2.19
惠若琪	0.789	1.050	1.009	2.121	0.703	3.585	2.07
木村纱织	0.928	2.849	1.162	2.887	0.899	3.327	2.06

(续表)

姓名	第一步 步幅/m	第一步 速度/m/s	第二步 步幅/m	第二步 速度/m/s	并步距离/m	助跑速度/m/s	助跑距离/m
江畑幸子	0.868	4.528	1.185	3.100	0.761	3.649	2.10
马拉古斯基	1.267	3.114	1.337	4.527	0.640	3.616	2.06
科斯塔格兰德	0.696	1.636	0.877	2.226	0.834	2.985	1.95
平均值（$\bar{x}$）	0.872	2.559	1.117	3.114	0.790	3.511	2.07

从运动员调整攻助跑的步法、步幅分析，由于运动员与球所处位置不同，不如一般攻来球更具相似性，而是具有较大的差异性。从助跑最后的并步距离分析，最小者为0.64m，最大者为0.90m，相对于一般强攻，并步距离差异较大且整体数据不是很大，这可能是由于调整攻时进攻队员的准备不是那么充分，导致助跑不充分，因此也不需要较大制动区域。从助跑速度上分析，大部分攻手的助跑速度都接近4m/s，这一数值与前人研究的优秀攻手的最佳助跑速度基本相吻合。从助跑距离分析，最大者为2.19m，最小者为1.95m，这也可能与运动员调整攻时面临不同来球相关，但也同时揭示出一定范围内运动员扣球助跑的距离基本会保持在一个相对固定的区间，从研究结果可认为这个区域为2m左右。

6.2.2 中外优秀女排主攻运动员调整攻扣球起跳环节的三维运动学分析

表6-3为运动员调整攻起跳不同瞬间下肢各关节角度汇总。从研究的结果分析，运动员在起跳的整个过程中下肢左右的角度变化不具有一致性。着地瞬间左踝的角度区间为83.2°～114.1°，平均值为104.11°；左膝的角度区间为133.2°～172.0°，平均值为146.34°；左髋的角度区间为95.8°～134.1°，平均值为119.81°；右踝的角度区间为79.0°～158.5°，平均值为98.824°；右膝的角度区间为135.2°～164.3°，平均值为150.60°；右髋的角度区间为106.5°～136.4°，平均值为123.16°。最大缓冲瞬间左踝的角度区间为86.3°～102.1°，平均值为93.363°；左膝的角度区间为127.3°～158.5°，平均值为142.80°；左髋的角度区间为116.8°～153.8°，平均值为142.089°；右踝的角度区间为61.1°～95.0°，平均值为73.529°；右膝的角度区间为100.9°～135.7°，平均值为

116.30°；右髋的角度区间为99.8°～146.3°，平均值为119.19°。离地瞬间左踝的角度区间为107.7°～133.5°，平均值为124.77°；左膝的角度区间为155.5°～174.5°，平均值为163.21°；左髋的角度区间为150.2°～178.9°，平均值为168.05°；右踝的角度区间为44.7°～145.5°，平均值为109.85°；右膝的角度区间为134.5°～164°，平均值为154.47°；右髋的角度区间为146.37°～167.8°，平均值为159.61°。

表6-3 中外优秀女排主攻运动员调整攻起跳不同瞬间下肢各关节角度汇总

姓名	着地瞬间/°					
	左踝	左膝	左髋	右踝	右膝	右髋
杰奎琳	108.38	140.05	107.08	88.798	135.16	112.84
惠若琪	99.95	156.36	134.06	96.114	161.56	136.44
木村纱织	105.81	171.95	117.60	90.435	146.73	132.87
江畑幸子	114.07	135.52	130.93	158.450	146.65	124.82
马拉古斯基	113.28	140.89	133.41	80.183	164.31	125.50
科斯塔格兰德	83.20	133.25	95.81	78.966	149.16	106.50
平均值（$\bar{x}$）	104.11	146.34	119.81	98.824	150.60	123.16

姓名	最大缓冲瞬间/°					
	左踝	左膝	左髋	右踝	右膝	右髋
杰奎琳	102.060	136.22	130.765	68.252	118.11	125.14
惠若琪	88.986	149.82	148.214	95.015	135.65	122.25
木村纱织	95.661	158.50	153.826	61.116	100.85	146.28
江畑幸子	86.336	128.18	151.556	72.192	112.92	109.20
马拉古斯基	91.294	156.82	151.334	71.628	111.76	112.44
科斯塔格兰德	95.843	127.26	116.840	72.970	118.51	99.84
平均值（$\bar{x}$）	93.363	142.80	142.089	73.529	116.30	119.19

6　中外优秀女排主攻运动员调整攻扣球技术的三维运动学分析和研究

（续表）

姓名	离地瞬间 /°					
	左踝	左膝	左髋	右踝	右膝	右髋
杰奎琳	125.78	164.32	178.938	128.05	153.83	165.10
惠若琪	129.90	174.51	170.211	145.52	162.83	166.57
木村纱织	123.70	162.67	167.171	98.521	164.03	146.37
江畑幸子	128.03	155.58	168.475	44.70	134.45	153.38
马拉古斯基	133.49	166.69	173.249	141.31	157.16	167.80
科斯塔格兰德	107.72	155.46	150.241	100.98	154.54	158.42
平均值（$\bar{x}$）	124.77	163.21	168.050	109.85	154.47	159.61

表6-4为中外优秀女排主攻运动员调整攻扣球起跳的缓冲和蹬伸阶段下肢各关节的角度变化汇总。从缓冲的过程来看，身体左侧下肢关节并未如身体右侧下肢关节缓冲明显，如左髋的缓冲角度为负值表明在身体重心缓冲到最低的时刻，左髋未到最大缓冲，同时分析右髋，发现缓冲的角度也不大，说明髋关节的缓冲角度变化并不明显。分析右踝、右膝关节的缓冲角度均值分别为25.295°、34.301°，缓冲较为明显，这说明在整个缓冲阶段右踝、右膝关节的缓冲较为明显。这种情况与运动员大都采用右脚着地进而左脚跟进制动缓冲有关系。

表6-4　中外优秀女排主攻运动员调整攻扣球起跳阶段各关节角度变化表

姓名	缓冲阶段 /°					
	左踝	左膝	左髋	右踝	右膝	右髋
杰奎琳	6.311	3.829	−23.681	20.546	17.055	−12.294
惠若琪	10.961	6.541	−14.157	1.099	25.914	14.191
木村纱织	10.146	13.454	−36.23	29.319	45.885	−13.409
江畑幸子	27.737	7.339	−20.624	86.256	33.734	15.616
马拉古斯基	21.983	−15.929	−17.927	8.555	52.558	13.063
科斯塔格兰德	−12.645	5.993	−21.032	5.996	30.657	6.657
平均值（$\bar{x}$）	10.749	3.538	−22.275	25.295	34.301	3.971

(续表)

姓名	蹬伸阶段/°					
	左踝	左膝	左髋	右踝	右膝	右髋
杰奎琳	23.716	28.102	48.173	59.800	35.723	39.966
惠若琪	40.917	24.691	21.997	50.505	27.183	44.320
木村纱织	28.043	4.175	13.345	37.405	63.184	0.092
江畑幸子	41.691	27.401	16.919	−27.493	21.535	44.182
马拉古斯基	42.194	9.877	21.915	69.684	45.408	55.358
科斯塔格兰德	11.873	28.205	33.401	28.006	36.032	58.577
平均值（$\bar{x}$）	31.406	20.409	25.958	36.318	38.178	40.416

蹬伸阶段，无论是左侧下肢各关节还是右侧下肢各关节均有逐渐增大的趋势。这表明蹬伸阶段，左右下肢各关节都经历了从小到大的角度变化，进而完成蹬伸，达到起跳的效果。左踝关节的蹬伸均值为31.406°，左膝关节的蹬伸均值为20.409°，左髋关节的蹬伸均值为25.958°，右踝关节的蹬伸均值为36.318°，右膝关节的蹬伸均值为38.178°，右髋关节的蹬伸均值为40.416°。从左右侧下肢关节的蹬伸对比来看，下肢右侧关节的蹬伸角度要大于左侧的蹬伸角度，这表明尽管大多数运动员采用双脚依次起跳，但右腿的蹬伸效果要强于左腿的蹬伸效果；在起跳过程中运动员右侧腿发挥的作用要大于左侧腿。从运动员右膝关节的缓冲角度和蹬伸角度对比可知，大部分运动员的缓冲角度要小于蹬伸角度，这表明运动员在起跳的过程中更倾向于蹬伸效果，以期获得更好的起跳高度；也有少部分运动员缓冲角度大于蹬伸角度，这可能是出于最大限度地把动能转换为势能的目的。惠若琪的右膝关节缓冲角度为25.914°，蹬伸角度为27.183°，缓冲角度小于蹬伸角度；杰奎琳的缓冲角度为17.055°，蹬伸角度为35.723°，缓冲角度小于蹬伸角度。从两人的缓冲和蹬伸角度对比发现，前者的缓冲角度大于后者，蹬伸角度小于后者，这可能是杰奎琳起跳速度和效果较好的原因。

表6-5是中外优秀女排主攻运动员调整攻扣球起跳环节缓冲和蹬伸的时间汇总。从研究的结果可知，调整攻运动员左脚的起跳时间区间为0.14~0.22s，平均时间为0.17s；右脚的起跳时间区间为0.30~0.42s，平均时间为0.36s，左

脚的起跳时间明显小于右脚的起跳时间，这与大多数运动员并步起跳时右脚先着地有关。从起跳缓冲和蹬伸所占的比例分析，无论是左脚还是右脚，蹬伸的比例均大于缓冲的比例。左脚缓冲的时间区间为0.06~0.10s，平均值为0.08s；左脚蹬伸的时间区间为0.06~0.12s，平均值为0.09s；右脚缓冲的时间区间为0.12~0.26s，平均值为0.17s；右脚蹬伸的时间区间为0.14~0.26s，平均值为0.20s。

表6-5 中外优秀女排主攻运动员调整攻扣球起跳环节缓冲和蹬伸的时间汇总

姓名	左脚 缓冲时间/s	左脚 蹬伸时间/s	合计	缓冲比/%	蹬伸比/%	右脚 缓冲时间/s	右脚 蹬伸时间/s	合计	缓冲比/%	蹬伸比/%
杰奎琳	0.06	0.1	0.16	37.50	62.50	0.12	0.2	0.32	37.50	62.50
惠若琪	0.08	0.06	0.14	57.14	42.86	0.14	0.26	0.4	35.00	65.00
木村纱织	0.08	0.12	0.2	40.00	60.00	0.26	0.14	0.4	65.00	35.00
江畑幸子	0.06	0.08	0.14	42.86	57.14	0.12	0.18	0.3	40.00	60.00
马拉古斯基	0.08	0.06	0.14	57.14	42.86	0.2	0.14	0.34	58.82	41.18
科斯塔格兰德	0.10	0.12	0.22	45.45	54.55	0.16	0.26	0.42	38.10	61.90
平均值($\bar{x}$)	0.08	0.09	0.17	46.68	53.32	0.17	0.20	0.36	45.74	54.26

由表6-5可知，杰奎琳、木村纱织、江畑幸子等人的左脚缓冲比例小于蹬伸比例，而惠若琪、马拉古斯基等人的左脚缓冲比例大于蹬伸比例，由于相关运动员多采用左脚并步右脚，而左脚缓冲比例大可能会延缓起跳的速度，也可以看出前三人的起跳速度要快于后两者的速度，因此，缩小并步左脚的缓冲比例有利于改善起跳速度。

表6-6是中外优秀女排主攻运动员调整攻扣球起跳高度、距离等指标数据汇总。由研究结果可知，调整攻运动员起跳高度区间为0.68~0.93m，平均值为0.766m；起跳距离区间为0.99~2.32m，平均距离为1.693m；起跳速度区间为3.20~4.40m/s，平均值为3.821m/s；起跳腾起角度区间为54.20°~76.70°，平均值为61.7°。

表6-6 中外优秀女排主攻运动员调整攻扣球起跳高度、距离等指标数据汇总

姓名	起跳高度/m	起跳距离/m	起跳速度/m/s	腾起角/°
杰奎琳	0.756	1.647	3.489	68.7
惠若琪	0.721	1.990	3.200	76.7
木村纱织	0.749	0.989	3.448	57.6
江畑幸子	0.926	1.668	4.148	58.0
马拉古斯基	0.768	1.544	4.400	54.2
科斯塔格兰德	0.676	2.319	4.239	55.2
平均值（$\bar{x}$）	0.766	1.693	3.821	61.7

从起跳高度上进行分析，惠若琪的起跳高度为0.721m，略低于杰奎琳0.756m的起跳高度，同时对不同选手的起跳高度进行分析，发现欧洲球员的起跳高度低于亚洲球员，如江畑幸子的起跳高度达到0.926m。分析原因可能是在面对调整攻的时候，欧洲球员由于身高较高，起跳速度较慢，为追求击球效果，在一定高度情况下，她们可能更追求速度，同时由于调整攻面临的调整时间较少，使得她们也来不及全力起跳；而亚洲球员身材不是很高，脚步灵活，速度较快，为加强击球效果而追求高度的提升，因此起跳高度即重心腾起高度也较高。从起跳速度上分析，不同攻手的起跳速度大都在3~4m/s，惠若琪的起跳速度为3.200m/s，低于杰奎琳3.489m/s的起跳速度，速度与力量的有效结合是世界优秀攻手所具备的显著特征。

6.2.3 中外优秀女排主攻运动员调整攻扣球击球环节的三维运动学分析

表6-7是中外优秀女排主攻运动员调整攻击球高度等相关指标数据汇总。从研究结果分析可知，调整攻运动员击球高度区间为2.81~2.98m，平均值为2.902m，这一数值略高于一般强攻的平均数值，这是因为调整攻的时候，由于时间、空间等原因组织者无法及时组织传球，只能够把球推或垫高，同时运动员在调整攻时需要面临更多的防守压力，也需要提高击球高度，寻求突破。击球时运动员的重心高度区间为1.28~1.75m，平均值为1.62m；运动员跳起的最大重心高度区间为1.28~1.76m，平均值为1.616m。比较这两组数据，相差不大，这表明中外优秀女排运动员调整时攻对重心腾起高度的利用率较好，即运动员的起跳高度的利用较好。

表6-7　中外优秀女排主攻运动员调整攻扣球击球高度等相关指标数据汇总

姓名	击球高度/m	击球时重心高度/m	重心速度/(m/s)	最大重心高度/m
杰奎琳	2.894	1.620	2.877	1.626
惠若琪	2.806	1.647	2.302	1.647
木村纱织	2.976	1.656	3.263	1.657
江畑幸子	2.952	1.728	3.390	1.734
马拉古斯基	2.938	1.745	4.035	1.755
科斯塔格兰德	2.843	1.275	1.679	1.277
平均值（$\bar{x}$）	2.902	1.612	2.924	1.616

击球时重心的速度区间为1.68~4.04m/s，平均值为2.92m/s。惠若琪的击球高度为2.806m，略低于杰奎琳2.894m的击球高度，同时木村纱织和江畑幸子的击球高度也高于惠若琪的击球高度，因而惠若琪应在增加击球力量的同时，进一步提升扣球的高度。从扣球的击球高度整体上分析，调整攻时运动员的击球高度并不具有统一性，这是由于调整攻时面临的球况不同，但总体上，扣球的击球高度在2.9m左右，这与运动员扣球高度相对较为固定以面对不同来球时尽可能地发挥自我的攻击优势或特点有关。

表6-8为中外优秀女排主攻运动员调整攻扣球击球瞬间相关关节速度及最大球速等指标数据汇总。从研究结果分析可知，肩关节的速度区间为2.24~5.25m/s，平均值为4.036m/s；肘关节的速度区间为6.24~9.11m/s，平均值为7.909m/s；腕关节的速度区间为10.77~13.81m/s，平均值为12.811m/s；指掌的速度区间为12.06~16.68m/s，平均值为15.490m/s。从速度的数值可以看出，扣球时肩关节、肘关节、腕关节和指掌的速度依次增大。最大球速的速度区间为20.50~32.42m/s，平均值为24.835m/s。从最大球速分析，调整攻时攻手较多是加强了进攻的威力。手臂与躯干夹角的区间为117.71°~160.98°，平均值为144.655°。

表6-8 中外优秀女排主攻运动员调整攻扣球击球瞬间相关关节速度及最大球速等指标数据汇总

姓名	击球瞬间各关节速度 / m/s				最大球速 / m/s	手臂和躯干夹角 /°
	（右）肩	肘	腕	指掌		
杰奎琳	4.574	7.824	13.115	16.321	28.602	160.979
惠若琪	2.235	6.240	13.143	15.315	20.750	144.389
木村纱织	4.586	7.672	12.881	15.967	23.247	142.157
江畑幸子	3.891	9.106	13.810	16.601	23.496	159.025
马拉古斯基	5.248	7.635	13.143	16.683	32.420	143.664
科斯塔格兰德	3.684	8.976	10.772	12.055	20.495	117.714
平均值（$\bar{x}$）	4.036	7.909	12.811	15.490	24.835	144.655

从击球后的最大球速分析，马拉古斯基的击球后的最大球速达到了32.42m/s，这表明即使在一传不是很到位的情况下，二传手只要把球垫高，优秀攻手依然能够实施强有力的攻击，这无疑也体现了运动员良好的身体素质，以及对球运行轨迹的把握和运用。惠若琪击球后的最大球速为20.75m/s，小于杰奎琳的最大球速，更小于马拉古斯基的最大球速，这可能和惠若琪的腰腹力量较弱造成击球力量不够大有关。从击球时手臂与躯干的夹角分析，夹角角度最大为杰奎琳，最小为科斯塔格兰德，夹角较大表明击球点较靠上、靠前，夹角较小表明击球点较靠下、靠前，由此前者击球可能有平击、向前的动作特质，后者击球可能有下推、盖压的动作特点。

6.3 中外优秀女排主攻运动员调整攻扣球技术的个案分析和研究

6.3.1 杰奎琳调整攻扣球技术的分析

杰奎琳调整攻扣球技术特点表现为：注意力集中，准备充分；助跑起动快，速度大；起跳环节弹速快，起跳缓冲比小于蹬伸比；中远网起跳；空中击球环节，腰腹发力明显，身体前冲位移大；击球高度高，达到2.9m以上；击球力量大，最大球速超过了25m/s；击球线路选择清晰；手指掌控球能力很强。

杰奎琳在场地三米线外侧，观察二传手几乎为倒地传球后，迅速助跑起跳，起跳点位于三米线附近，实施远网起跳。起跳迅速，左手臂上扬充分，右手臂屈肘后摆充分，身体向右后上方转体极为明显，身体背弓显著，向后屈体明显；随后收腹，手臂打开击球；斜线击球，从两名拦网队员之间空隙将球击出；也正是由于其整个击球动作迅速、连贯，使得对方3号位队员移动拦网不及时，从而形成进攻空隙。从整个动作过程分析，杰奎琳调整攻时身体空中位移很小，这与其一般攻时明显的空中前冲位移具有很大差异，可能与其调整攻时扣球准备时间不是十分充分，同时为了加快进攻节奏有关，从而也导致了其击球的最大球速下降。杰奎琳击球瞬间，其重心最大高度略微偏离了波峰值，说明击球时间点位于杰奎琳最大重心高度出现略微靠后一点，这可能与其起跳击球时间较为急促有关。

6.3.2 惠若琪调整攻扣球技术的分析

惠若琪在调整攻时，注意力集中，在一传起球时就开始预判、移动，调整自我的身体位置；在队员给出二传后，能够迅速地助跑起跳，在近网处完成小斜线击球。利用含胸、收腹动作，协调小肌肉群的发力，形成快速、小角度击球，是惠若琪扣球技术的显著特征之一。

惠若琪在4号位三米线内，接本方调整球，助跑起跳，助跑线路为斜线，起跳较为迅速，起跳过程中，左右手臂从后下方向前上方摆动，摆动至身体前上方，左手臂伸直继续向上方摆动，同时右手臂屈肘后引，身体略微向右后上方转体；身体腾空后具有一定的空中位移；左手臂屈肘下放，同时右手臂伸直，主要利用低头、含胸动作力量，完成近网的小斜线击球，击球落点位于3米线内。击球完成后，右手有明显的下拉、屈肘收手臂的动作，而没有前送手臂的动作，这主要是因为处于近网击球，为了避免手臂触网。由此可知近网、小斜线、快速击球是惠若琪擅长的扣球方式。同时，在惠若琪的整个击球动作过程中，其击球时主要利用低头、含胸的动作，腰腹的屈展动作不明显，这可能是造成其击球力量不是很大的主要原因，同时也说明身体在空中向前位移的过程中，其重要目的是更进一步地接触球，而非用展体、收腹的空中位移动作加强击球的力量。惠若琪的右髋关节角度在0点时刻，也就是击球前后没有明显的波谷或波峰的变换，这也证实其腰腹力量的运用不到位，当然也有助跑不够充分、难以发挥屈体收腹动作的原因。由此可以推论该运动员在今后的训练过程中，应加强原地跳、一步跳，甚而是后撤步起跳时腰腹力量的调动和使用，以增强击球力量的可调动性和变化性。

6.3.3 木村纱织调整攻扣球技术的分析

木村纱织在4号位三米线后场地内,眼睛注视二传手调整到4号位的高球,迅速地助跑起跳;两手臂积极后摆,并步的同时降低重心,两手臂迅速自后下方向前上方摆动,两手臂均屈肘上扬,左手臂高于右手臂,在三米线前约25cm处,远网起跳;重心腾起高度很高,同时两腿屈膝后摆,右手臂屈肘后引,右肩向后上方扭转明显,身体背弓极为明显;空中打开背弓,收腹动作十分明显,伴随这一动作,身体空中前冲位移显著;直线线路助跑,空中转肩、收腹形成斜线击球,避开了对方的高点集体拦网,形成有效攻击。从木村纱织的整个扣球动作过程分析,其主要有以下技术特征:助跑轻松、快速;起跳高度高;空中背弓动作显著;收腹、发力随空中前冲位移完成;身体空中腾起方向和击球线路两者间具有隐蔽性和掩护性。在木村完成击球的前后,其右髋关节角度具有强烈曲线变化,这也证实木村击球前后,其髋关节有显著的动作变化,这表明其对身体腰腹力量、屈体变化的把握和运用十分有效。同时对比惠若琪和木村纱织的空中位移动作,前者是身体在舒展状态下的较低速度位移,后者是伴随收腹,打开背弓动作的较高速度位移;前者击球有明显的低头、含胸动作,后者击球具有强烈的收腹、打开背弓、屈体动作。由此可认为惠若琪在腰腹利用、身体腾空及速率控制方面,与木村纱织存在一定的差异,应该向其学习。同时,由视频观察及比赛现场观摩可知,木村纱织在击球时,能够充分利用线路变化,运用动作变化如拐腕、平击、上仰、侧旋、上打等,提升击球的可变性和多样性,使对手难以防守。因而在手法运用、技巧变化方面,木村纱织具有很强的灵活性。

6.3.4 江畑幸子调整攻扣球技术的分析和研究

日本的江畑幸子虽然身高只有1.76m,但其凭借全面的防守技术、多变的进攻手段、灵活的步伐和跑位,充分地融入了日本的战术体系,成为日本女排的主要得分点之一。而她灵活多变的扣球技术和手法更是值得中国女排运动员学习和借鉴。2012年伦敦奥运会女子排球比赛,江畑幸子扣球得分88次,失误23次,扣球100次,总扣球次数为211次,扣球得分率为41.71%,扣球效率为30.81%,个人扣球技术排名为第8位,高于中国的王一梅和惠若琪。

江畑幸子在三米线后，场地外侧，准备上步起跳；在本方二传手调整起球后，斜线助跑，在三米线附近完成并步，同时降重心，向右后侧转体，左肩对准球网，左手臂直臂充分上引，右手臂屈肘右后侧上摆，准备远网起跳；起跳迅速，重心腾起高度很高，两腿屈膝后摆，身体右侧转形成背弓；随之打开背弓，完成击球。在这一过程中，其身体空间位移不是十分明显；击球线路为斜线，同时制造打手出界，取得良好击球效果。尽管江畑幸子身高不高，但优异的弹跳能力、快速的移动能力，使其具有良好的腾空高度，同时敏锐的观察、精细的线路把握和运用，使其在"长人"如林的主攻手中占有一席之地。通过研究和分析，本文认为江畑幸子扣球的主要技术特质为：助跑快速，弹跳有力，起跳高度高，空中背弓明显；击球迅速；空间视野好，击球线路清晰；击球动作变化明显，落点精细。

6.3.5 马拉古斯基调整攻扣球技术的分析

塞尔维亚的马拉古斯基曾为其主力接应布拉科切维奇的第一替补，但随后又调整到主攻位置。这位年轻的小将，进攻能力十分出色，尤其擅长强攻，但一传不稳定，缺乏全面防守技术。马拉古斯基的扣球技术具有以下特征：准备起动迅猛，助跑速度快，起跳敏捷，空中腾起高度高，腰腹发力明显，空中反弓、展体及收腹等发力动作显著；击球点高，球过网点高；击球力量大、速度快；击球线路明确；节奏感很强。

马拉古斯基在2号位三米线后，接另一攻手布拉科切维奇调整过来的高球，迅速从三米线后大踏步斜线助跑，几乎冲入场地中央，在三米线上迅速起跳，左右两手臂均屈肘上扬，右手臂屈肘后仰至体后，右肩略微后仰，双腿屈膝后上摆显著，身体腾起高度很高，背弓十分明显；眼睛注视来球；双腿前摆伸直，左手臂屈肘下放，右手臂屈肘自体后向前上方挥动，背弓打开；双腿继续屈膝前摆，含胸收腹，上体向左前下方有明显的扭转动作，完成大力击球，同时身体具有明显的空中前冲位移；斜线、超手击球，球击中防守队员后，迅速变线。从视频录像观察发现，中国女排的后排防守队员被球击中之后才下意识有所反应，由此可见马拉古斯基击球力量之大、速度之快。因此，助跑速度快、起跳迅猛、身体腾起高度高、背弓显著且动作幅度大、腰腹和上肢力量极强、击球迅猛且击球点高是马拉古斯基扣球技术的显著特点。马拉古斯基在0点击球瞬间，其左右髋关节角度迅速变小，角度变化曲线成明显的下坡趋势，这是由于其背弓动作迅速打开，同时伴随下肢屈膝前摆向前屈体的动作所致。

6.3.6 科斯塔格兰德调整攻扣球技术分析

科斯塔格兰德，作为意大利归化的阿根廷球员，她既有南美运动员的弹跳，也具有欧洲球员的力量素质，加之多年来不同联赛、不同球队技术风格的锻炼，使她的扣球不仅具有力量，也具有节奏变化，科斯塔格兰德扣球技术的主要特征为：助跑起跳的节奏变化明显，起跳空中具有一定的高度，击球动作变化显著，击球力量、打吊结合、线路选择等方面具有明显的组合运用变化。她的扣球技术特点，也体现了其对排球比赛的阅读能力，对攻防双方即时状况有着良好的判断能力，这些方面值得中国女排运动员学习。

科斯塔格兰德在4号位三米线后场地外，准备扣球。在本方队员调整起球后，重心下降，缓慢移动，斜线助跑，在三米线上并步准备起跳，身体具有向侧前上方起跳的趋势，左右两手臂都屈肘上摆；左手臂屈肘上摆至体侧前平举，右手臂屈肘后摆至体后；下肢微屈膝后摆，身体形成明显背弓；左手臂屈肘下放体侧，右手臂屈肘上扬至伸直，背弓打开，在身体重心处于下落阶段完成击球，同时身体具有向左下方扭转的动作，完成斜线击球，避开了对方的集体拦网，击球效果较好。由此可知，科斯塔格兰德调整攻扣球技术动作具有缓助跑、快起跳，起跳高度不高，身体下落阶段实施大力击球，线路清晰，节奏变化明显，动作隐蔽的技术特征。助跑较为缓慢，这可能与科斯塔格兰德观察来球状况有关，也侧面体现了其经验丰富、判断精确的特征。同时，富有明显的动作变化节奏是其显著技术特点，击球时的加力、减力，身体出现下落时击球，扣吊结合等技术特征充分体现了这名攻手的成熟、稳定和富有攻击变化性。

6.4 小结

通过对中外不同优秀女排运动员调整攻扣球技术动作的解析和对比分析，可以看出，调整攻扣球技术具有以下的技术特征：助跑时间相对不够充分，主要依靠运动员瞬间对自我身体的调控能力和对球所处的空间位置进行判断；起跳相对不够充分；起跳动作过程大多数具有背弓动作，且背弓动作与身高比例有成反比的趋势，总体上讲，身高越低背弓动作越明显，反之背弓动作不是很明显，这可能与运动员想达到一定的空中高度有关。优秀女排运动员普遍采用远网、开网进攻；空中击球都伴有身体左前下方扭转动作；击球都采用加力动作配合线路变化，鲜有人采用轻扣动作，这可能和调整攻时对方容易重点防守处理球有关。由此可见调整攻不是一传不到位时寻求过渡的中间阶段或方式，而是直接以得分为目的的常规有效进攻手段。因此，依据调整攻的特征和目的，中国女排运动员应加强原地、一步及后撤步等不同状态下的助跑起跳及腰腹发力的能力，提升身体自我控制能力和应变能力，加强击球力量、速度和线路、动作变化的优化组合，提高自身应对复杂球和不同拦网的预判识别和选择手段的能力，进而提高调整攻的效率。

扣球技术运用效果除了与运动员心理状况、战术打法及赛场氛围等有关外，运动员自身扣球的高度、力量、速度、线路、变化无疑是决定了扣球质量和效果的关键因素。而这五个因素的排列组合及优化方式，无疑也决定运动员的扣球技术风格和技术特点。通过对中外优秀女排运动员强攻扣球动作过程的三维运动学解析及线路、动作变化的定量研究和对比，依据决定扣球效果的五大因素及排列组合，本研究认为中外优秀女排运动员大致可以分为以下四类：第一类，高度型。这类运动员主要特征是身材高大，身体素质超强，普遍身高在1.9~2.0m，扣球力量大，其击球最大球速接近30m/s；扣球技术特点主要体现为助跑稳定、节奏较固定，击球点高，力量大，大角度线路。这类运动员主要以胡克尔、布拉科切维奇、马拉古斯基等人为代表。第二类，速度型。这类运动员一般身材匀称，1.85m左右，肌肉比例协调，反应快，弹跳好，助跑快，速度力量结合完美，空间动作协调，空中高度和身体控制运用合理，击球速度、力量结合好，击球线路清晰。这类运动员以杰奎琳、谢伊拉等为代表。第三类，技巧型。这类运动员往往身材不是很高，大都在1.80m左右，但位移速率快，脚步灵活，头脑反应快，节奏感强。这类运动员的主要技术特点是助跑轻松、敏捷，动作速率快，起跳弹速快，重心腾起高度较高，空中身体背弓动作明显，击球速度快，击球动作变化丰富、线路调配精细、落点明确，就地反击能力强。这类运动员以木村纱织、江畑幸子等人为代表。第四类，节奏型。这类运动员具有较好的身高、良好的肌肉力量、较好的空间高度和身体控制能力，身高普遍在1.90m左右，比赛经验丰富，有着很强的阅读比赛的能力。这类运动员的主要技术特点为助跑节奏丰富，弹跳较好，有一定空间高度和滞空能力，空中身体自我控制能力较强，击球线路清晰，击球力量大小变化明显，打吊结合，击球手法变化多，强调落点。这类运动员以科斯塔格兰德、洛根·汤姆等为代表。中国女排目前的主要攻手王一梅的技术风格接近第一类运动员，但在身体素质如弹跳高度等方面与其他代表球员具有一定差异；惠若琪的技术特点更倾向于第二类和第三类之间，其速度力量结合不如第二类运动员那么完美，也不如第三类运动员快速灵活多变。目前，中国女排与第四类运动员技术风格较为接近的球员不多，从实战需求及运动员的身体条件要求考虑，第四类运动员应该成为中国女排运动员培养的主要方向。

7 结论

（1）中外优秀女排的扣球技术运用呈现简单实用化，在追求高度的同时，速度和力量的结合进一步加强；扣球技术运用的比例为强攻＞快攻＞后排攻；中国女排在强攻的使用率和得分率方面与国外强队均有一定的差距。

（2）中外优秀女排运动员强攻扣球技术主要特征为：助跑节奏进一步加快；击球高度成上升趋势，网上0.5～0.7m为主要区域；击球力量进一步加大，部分运动员击球最大速度已超过30m/s；起跳点有后移趋势，中远网击球增多；前冲及空中位移运用增多；击球时手臂与躯干夹角减小。

（3）以胡克尔为代表的高度力量型攻手扣球技术特征为：扣球成功率为50%～60%，效率为30%～40%；助跑迅速，起跳高度高；击球点在2.9m以上，较多采用超手扣球；击球力量大，击球后的最大球速超过了25m/s；击球线路为大角度变化，落点常在端线及边线附近；击球技巧变化运用不多；充分利用高度和滞空优势，实施高点、大力进攻。

（4）以木村纱织为代表的技巧型攻手扣球技术特征为：扣球成功率为40%～50%，效率为20%～30%；助跑轻松快速；起跳腾空高、空中背弓明显；空中前冲位移显著；起跳动作和击球方向配合的隐蔽性强；击球高度可达2.9m，击球最大球速超过20m/s；击球线路选择清晰；击球技巧变化多。

（5）中国女排运动员扣球技术特征为：扣球成功率为30%～40%，效率为20%～30%；助跑较为迅速；擅长近网、斜线击球，能够较好利用手腕变化，小肌肉群发力好；存在空中高度利用不够、中远网击球能力较差、击球前冲位移不足、击球力量不够大、线路调配不够精细、动作变化不够丰富等不足。

（6）中外优秀女排主攻运动员4号位强攻扣球技术的环节模型数据为：两步斜线助跑，助跑速度为3.20～4.42m/s；助跑距离为2m左右；起跳高度为0.48～1.00m；起跳距离为0.97～1.64m；击球高度为2.84～3.06m；击球最大球速14.53～34.14m/s。

（7）中外优秀女排接应运动员2号位强攻扣球技术的环节模型数据为：两步直线助跑；助跑速度为3.01～5.75m/s；助跑距离为1.78～2.64m；起跳高度

为0.55~0.93m；起跳距离为1.04~1.69m；击球高度为2.74~2.97m；击球最大球速为16.85~35.37m/s。

（8）中外优秀女排主攻运动员4号位调整攻扣球技术环节模型数据为：多为两步助跑；助跑速度为2.99~3.91m/s；起跳高度为0.68~0.93m；起跳距离为0.99~2.32m；击球高度为2.81~2.98m；最大球速为20.50~32.42m/s。

8 对策与建议

（1）适当调整中国女排的进攻打法体系和结构比例，进一步加大强攻扣球的运用区域；加强就地、就近多点反击强攻扣球的能力，提高进攻的空间、时间利用效能；提升主攻和接应的专位能力和全面性，加大2号位强攻扣球的使用比例，提高4号位强攻扣球的效率。

（2）适当改善中国女排运动员扣球技术动作结构，加快助跑速度，减小起跳环节的缓冲比例，加快起跳节奏；提升起跳高度，加强对空中高度和区域的利用率；加大击球的力度。

（3）建议中国女排运动员适当后移扣球起跳位置，提升中远网击球能力；适当加强起跳后身体的前冲位移，充分发挥腰腹的力量；提高空中自我身体的控制和改变能力，提升击球线路的调配能力，丰富击球的技巧变化，提高节奏变化能力。